地域福祉への挑戦者たち

監修
塚口　伍喜夫
坂下　達男
小林　良守

編集
中西　雅子
佐山　満夫
三木　文代
衣川　哲夫

企画
トアロード会

大学教育出版

地域福祉への挑戦者たち

目次

第3章　今日的課題に挑む……141

第1部

今、なぜ、「地域福祉への挑戦者たち」を出版するのか

（鼎談）

出席者（監修者・所属はいずれも元職）
塚口伍喜夫（兵庫県社会福祉協議会、九州保健福祉大学・流通科学大学）―トアロード会会長
坂下　達男（神戸市社会福祉協議会、神戸女子大学）―トアロード会副会長
小林　良守（三田市・兵庫県・鳥取県各社会福祉協議会、千里金蘭大学）―トアロード会事務局長

はじめに―トアロード会発足と出版の意義―

塚口　二〇一五年（平成二七年）九月に兵庫県内社会福祉協議会（以下「社協」と略）・共同募金会（以下、「共募」と略）事務局職員退職者会（通称：トアロード会）が発足しました。僕が社協を退職後にOBらと会うたびに、OB・OG会の話が出ていたことや、OB・OGが亡くなっても連絡がなく不義理を重ねるなど、気になっていました。ある時、兵庫県社協OBの衣川君との話の中でOB・OG会を作れば皆さんも大体賛成されるのではという話で盛り上がり具体的に動き出した、それが発足の動機です。

　トアロード会を結成して、連絡網を作り、それぞれの慶弔、とりわ

けご不幸があった場合には、ちゃんとお知らせしようということで、連絡網が機能しかけたわけです。それと、毎年の親睦行事、二〇一五年度は香住でのカニすき、二〇一六年度は五色町へ一泊二日の旅行を取り組むようになりました。二〇一七年度は篠山でぼたん鍋を予定しています。これもおもしろいんですね。みんな久しぶりに集まって、鍋をつつきながら、いろんな回顧録を話したりするというのは、それなりに意味があります。

しかし、みんなが何十年も勤めて蓄積したいろいろな知見があるはずだから、それを記録にするような試みをやってみたらどうかというのが、今回のこの企画です。

こういう記録がないと、せっかく何十年もそれぞれの分野で頑張ってきた人たちの努力が消えてしまうんじゃないかという危惧が僕にはあったものだから、こういうことをやってみようということにしたんです。ああ、そう言えば、ああいう人がいて、そういう頑張りでやってきたなというようなことが消えてしまう。だから、それを記録に残したらどうかと考えて、皆さんにお諮りをしたわけです。

お二人にこの出版事業の「意義」を、どんなふうに受けとめ、中身のあるものにしようとお考えなのか、ざっくばらんに話をしてもらいたいと思います。最初に、坂下さんいかがですか。

坂下　この三人の中では、年齢的にも、キャリアの点でも僕は真ん中ぐらいだと思うんです。僕は、神戸市社協に三五年在籍しました。定年があと三年後に迫っていた時期、地元の大学の社会福祉専攻の教員の募集がありました。日本地域福祉学会という学会に所属していたことや、周りの勧めもあって転職しました。大学では一三年勤めました。女子大で大変楽しく、七〇歳の定年で退職しました。退職して三年が過ぎ、そろそろ後期高齢者の域に入る七四歳になっています。

塚口　まだ、お若いですね。

坂下　若くはないですよ、もう後期高齢者に近いですよ。大学では「社会福祉」「地域福祉論」を担当していました。社協の歴史、あるいは現状・課題などにも触れる機会もありました。自分がもと籍を置いた組織ですから、それなりの関心を持ちネットや新聞などで動向を把握するように努めました。最近は、災害があると被災地社協のボランティアセンターが窓口になるなど、社協の名称がよく出るようになりました。

僕が社協にいたときには、そういう時代ではなかったのです。テレビで社協という名前が出る場合はいい話としてはあまりなかったように思います。その契機になったのは、阪神・淡路大震災だと思います。今を去る二二年前、一九九五年（平成七年）ですね。

塚口　その時は、社協に在籍されていたのですか。

坂下　おりました。震災と社協は重要な最近の課題ですが、阪神・淡路大震災以降、災害時には社協の役割が注目されるようになりました。

自分は社協の仕事で何を残してきたかということですが、個人としては、県社協が発行している『地域福祉活動研究』に投稿したり、幾つかの書物を書いたりしてきました。

例えば、神戸市長田区苅藻地区の小地域福祉活動の実践リポートなどを『月刊福祉』とかその他の文献に紹介しましたが、そのことについて一部に批判的な声もありました。

塚口　それはどんなところから批判がでたのですか。

坂下　市町村社協です。社協の職員が、こんなこと言っていいのかと。特に当時、都市部では「公害」というものを取り上げること自体が政治問題というようにタブー視されていました。大気汚染だとか、騒音とか、振動とか、これらを総称して公害と言うんですが、組織的にも個人的にも関わるべきでないという雰囲気があったことは事実です。特に、昭和四〇年代（一九六五年～一九七四年）ですけれども、実際にレポートなんか書くと、それをやゆする言葉を耳にしたり批判の連絡があったりしたこともあります。

内部から「何で出すのか」といったおとがめは記憶にないですが、公害というだけで地域によっては、非常に神経質な課題でした。それだけに、社協がそういう問題を峻別していいのかという気持ちは僕にはありましたね。

自身が何かをしたというのではなく、地域の実践家が取り組んだ課題がたまたま公害問題であったということを、僕は実践レポートとして紹介しただけですが考えさせられました。

塚口　そのようなレポートや研究論文に対し批判があったというのは、初めて知りました。

坂下　件数は多くないですが、ありました。

塚口　そのこととの関連で、今回の出版の取組みの意義について、坂下さんはどんなふうに考えておられますか。

坂下　社協というところで、社会的な活動をしたという記録を何らかの形で残す、個々に蓄積した、いわば財産を記録として残すということは大変大切だろうと思います。それは単に社協マンとしての思い出の振り返りだけでなく、自分が学び教訓として得たものを表すことで、現在社協で活動している役職員も含めた方たち、これから社協ないし地域福祉の分野で活動しようという人たち、およびその周辺の人たちも対象になると思いますが、そういう人たちに、社協マンのOB・OG個々人が蓄積した教訓なり成果を伝えていくことは、何らかの活動の方向を指し示し、また励みや刺激にしてもらえるのではないかと、その辺に今回の出版の意義があると思います。

塚口　小林さんは、出版の意義についていかがですか。

小林　私が最初に言いたいのは、先人たちが切り拓いてきた「地域福祉」の道筋をきちんと記録に残すということです。社協は地域福祉を推進する団体であると言われていますが、社協が創立されたのは一九五一年（昭和二六年）ですね。それ以降、先輩諸氏がいろんな苦労をして、道を切り拓いてこられましたが、そうした事柄がきちんと記録に残されていく必要があると思います。

「地域福祉」というのは、もとから道があるのではなく、先人たちが切り拓いてきたものですから、その軌跡を実際にそれに携わった人たちが自ら記録として書くことで、その道筋というものが明らかにされるのではないかと思うんです。

特に、今、社協に勤めている職員の皆さんは、こうした長い社協の歴史について、紆余曲折も含めてどんなふうに今日まで来ているのかということを学ぶ機会がないんじゃないかと思います。職員研修はあると思いますが、社協の歴史について学ぶ機会がないのではないか。「当面はこれが課題です」という研修は受けると思いますが、どんなふうに「地域福祉」が切り拓かれてきたかということを本当に学ぶ機会がなく、そういうことを知らないで、目の前の与えられた仕事をやっているというようなことがもしあるとすれば、やはりこうした形で県内の市町村社協の職員が、こんなときに、こんなふうに頑張ってきたというものを記録として残

して、そこからいろいろなことを学んでもらうというのは非常に大事ではないかと思います。

そういう意味で、出版の意義というのは、第一に「地域福祉の道」を先輩たちがいかにして切り拓いてきたかを明らかにするという役割があると思います。その内容は大きく言って二つあります。

その一つ目は、「社協基本要項」に基づく社協活動の展開でしょう。一九六〇年（昭和三五年）の「山形会議」での議論を経て、一九六二年（昭和三七年）に策定された「社会福祉協議会基本要項」は、全国の社協関係者がこれからの活動の方向性を初めて手にしたという意味で画期的なものでした。「基本要項」では、社協の機能を「調査、集団討議及び広報等の方法により、地域の福祉に欠ける状態を明らかにし、適切な福祉計画を立て、その必要に応じて地域住民の共同促進、関係機関・団体・施設の組織活動を行うことを主たる機能とする」として、「直接サービスは原則として避ける」ことを謳っていました。この規定はアメリカで発達したコミュニティ・オーガニゼーション理論の日本社会への適用であったのですね。全国の社協関係者は「基本要項」という指針を手にして、地域組織化活動を展開し、数多くの成果や教訓を導き出しましたが、兵庫県における取組みの教訓を明らかにする必要があります。

その二つ目は、昭和五〇年代（一九七五年～一九八四年）以降、社協が「在宅福祉」を重点とした時代に我々がいかにして道を切り拓いてきたのかということです。全国社会福祉協議会

（以下「全社協」と略）は一九七九年（昭和五四年）に「在宅福祉サービスの戦略」という研究報告書を出版しました。それは、「福祉ニーズの高度化・多様化に対応するために、施設処遇偏重の福祉体系を再構築する」として、地域福祉・在宅福祉を提唱したのです。「在宅福祉」の重視それ自体に異論はなかったのですが、問題は社協の位置づけの大きな変化でした。「戦略」では、「社協は在宅福祉サービスの供給システムにおける民間の中核として位置づけられる」として、直接サービスの供給組織としての役割を鮮明にしたのです。これは、社協を「在宅福祉サービスの供給組織」として事業体化することを意味し、「社協基本要項」の方向性と真逆の転換を図ろうとするものです。このような在宅福祉サービス事業体への傾斜に対し、全国的に「社協は運動体か事業体か」という論争が起きました。そのプロセスも明らかにしておく必要があります。

出版の意義の第二は、「兵庫方式」と言われる特徴的な実践をまとめることです。その一つ目は、「市区町社協発展計画」方式です。これは、兵庫県社協の市区町社協に対する支援方法のひとつで、この方式の始まりは、一九七一年（昭和四六年）の第一次「市区町社協発展計画」の提起でした。それは、全県的な地域福祉推進の方策と、それに基づく市町社協の強化方策の要素を含む市町域での地域福祉推進の指針であり、第九次計画《二〇〇五年（平成一七年）～二〇〇九年（平成二一年）》まで継続されました。この間、全社協が提唱する「事業型社協」

に対して、第七次計画《一九九四年（平成六年）～一九九八年（平成一〇年）》では「総合型社協」を提起して、地域福祉の総合推進という方向性を打ち出しました。

「兵庫方式」と言われる特徴的な実践の二つ目は、「小地域福祉活動」やその担い手である「福祉委員制度」（または地区福祉委員会活動）の成果と教訓を明らかにすることです。全国の社協で展開されている「福祉委員制度」の多くは、「福祉委員イコール民生児童委員」であって「民生委員」の活動に社協の福祉委員の活動がプラスされるものです。その場合、民生委員の活動エリアは大変広く、「福祉委員」としての活動は過重な負担になりやすいのです。兵庫県の福祉委員制度の基本は、民生委員とは別に自治会等から推薦され社協会長が委嘱するもので、言わば社協の自前の地域活動家が福祉委員なのです。多いところでは、一五世帯～二〇世帯に一人の福祉委員が選出されて小地域福祉活動に携わっています。二〇〇〇年（平成一二年）の時点（平成の大合併以前）で、兵庫県内の小地域福祉推進組織（福祉委員制度、社協支部など）があるのは一九市四六町（七四・七パーセント）。福祉委員の数は一二一七四人と報告されています。

「兵庫方式」と言われる特徴的な実践の三つ目は、「福祉教育」があげられると思います。社会福祉夏季大学の歴史とか、福祉教育読本の発刊と地域や学校での福祉教育の勧め、こういった取り組みは他の府県にない兵庫県独自の特徴だと思います。このような「兵庫方式」と言われるものの成果と教訓を明らかにしてはどうかと思います。

出版の意義の第三は、阪神・淡路大震災の救援活動の成果と教訓を明らかにすることです。坂下さんからも話が出ましたが、阪神・淡路大震災で実践された社協を中心とした様々な支援活動が、現在の災害支援活動の原型になっているように思います。災害ボランティアセンターの立ち上げと運営は、今や社協の役割として定着しています。また、広域の相互支援体制の確立や現地事務所方式など、こうした取組みの教訓を伝えていく必要があります。今日、災害が起こった場合は、全社協を含めて広域の支援体制がとられますが、そうした原型になるようなものができたという意味で、災害時の支援体制の在り方を明らかにしていく意義があると考えます。

塚口　小林さんの発言の一部を補足したいと思います。「兵庫方式」といわれましたが、これには背景があります。時代を遡りますが県社協が創立二〇周年を迎えるに当たり、次の飛躍の方針が必要なのではないかと、社会福祉部地域福祉課で課長の私を中心に沢田清方主事、野崎陸夫主事、明路昌三主事などが論議をしておりました。

当時の関外余男事務局長も「人間も二〇歳になれば一人前といわれる。社協も二〇歳の大人になって一層大きくなることが必要ではないか」と言っておられた。こうしたことが背景となり、社協のこれからの道筋を示す「社協基本大綱」の原案を作成することになったのです。

その柱は三本柱としました。すなわち、㈠コミュニティづくりを目指す、㈡住民主体の実現を目指す、㈢地方自治を支える力を目指す、です。（詳細は兵庫県社協刊『地域福祉の歩み‥兵庫県社協三〇年史』三四一頁〜三四四頁参照）この「社協基本大綱」を具体的に進める指針として「第一次社協発展計画」を策定したのです。この事務局原案は、地域部会でさらに論議され成案となったのですが、地域部会では「社協基本大綱」㈢に謳う「地方自治を支える力を目指す」事項に論議が集中したのを憶えています。いわく、「社協が市町村を支える力になるとはオコガマシイのではないか」「社協は市町村から支えられているのではないか」などの意見でした。

実は、社協はこの㈢の視点を持たないと市町村行政と対等に渡り合えない、という強い意志で事務局は提案したのでした。地域部会での論議の後、関事務局長に「よし、これで行こう」との決断を下していただき、理事会に諮ることになったのです。この「社協基本大綱」を具体化するものとして「第一次社協発展計画」を策定し、併行的に論議を進めてまいりました。当時の私は、「論議は戦いの場」と、強い感想を覚えたものです。

― 現役の社協マンが直面している悩みと課題、その背景 ―

塚口　私が、最近、三田に転居したのは、自分の年齢を考えて、より静かな環境に身を置きたいという思いがあったからです。転居して一年ばかり経って、三田市社協の谷口事務局長さんに会う機会があって、いろいろ話をしました。彼はプロパーの事務局長ですが、彼から社協が事業団のようなことになってしまって、民間組織として自由闊達な活動が展開でき難いといった悩みを打ち明けられました。

　三田市の社協は幾つかの地区に地域福祉支援室を設けて取り組んでいるんですね。しばらくして、僕が住んでいる地域の支援員の植村さん、彼は大阪の東区と言ったかな、そこの社協にいた人で、その方とお会いしたんです。私に地域担当の職員に対して話をしてほしいという依頼でした。職員だけならいいですよ、謝礼も何も要りませんからとお引き受けしました。レジュメは、三田市の社協のしおりや報告書を見ながら作りました。そうしたお話を聞くうちに、三田市の社協は地域を俯瞰する力が弱いんではないかと思えてきました。

　その地域全体でどんな市民のニーズや悩み事があったりするのかということを俯瞰しないことには、地域福祉計画の仮説も立てられない。そういう状況にだんだん追い詰められている。

そういう状況をどう打破するか、その一つとして今回の出版事業も位置づけたいなという気持ちもあります。こうした状況は、三田市社協だけではないという気がしますが。

坂下　今、特に変化しているのは市区町社協ですね。都道府県や政令指定都市社協は広域社協として、シンクタンク的な機能や広域的な問題を扱う役割が存在しますが、市区町社協には幅があると感じます。総じて言えば先ほど塚口さんも言われたように、いわゆる事業団化あるいは事業体化しているように感じます。

特に、二〇〇〇年（平成一二年）の介護保険法成立後、それまではホームヘルプ事業を担っていた社協が結構多かったわけですけど、それを契機にその事業を継続していくことで、介護保険事業者として手を挙げ、社協が事業体として担うことによってその分野の職員が非常に多くを占めるようになった。とりわけ、介護保険事業は競合他社もあって経営という面が非常に強く出て、自分たちの給与を稼がないかんということもあり経営戦略も必要になってきたわけです。

職員数が増すと同時に、経営面からも社協が介護保険関連の事業に忙殺される。また、いくつかの社協では、社協の職員数が何百人という社協もある。介護保険事業は社協活動の一つの部門として否定しませんが、社協の事業運営が介護保険事業に特化してしまっているという所も残念ながらあります。

―在宅福祉の取組みと「基本要項」いわゆる「五四年論争」について―

塚口　今回、執筆してもらう人の中にも、介護保険事業に打ち込んできた人がいるんです。たくさんいると思います。それを見たときに、介護保険を社協としてどんなふうに受けとめればよかったのか、ということを今になって思います。

「五四年論争」というのがあって、これは小林良守さんが火をつけたんですけれども、要するに社協が一つの事業体に陥ってしまうんじゃないか。社協が地域全体を俯瞰し、いろんなニーズを取り上げ、その打開のために住民の主体的な活動を促していくという側面が弱まるんじゃないか、という論争だったんです。

坂下さんがおっしゃったように、介護保険事業は社協がやらないと進まなかった部分も確かにあるのかもしれないけれど、それを無批判に受け止めたことが、その後の社協の事業展開に影響してきたのかなと、そんな気がしているんですが、どうですか。

小林　介護保険事業に多くの社協が参入したのは、二〇〇〇年（平成一二年）からです。それまでは、措置の時代で、多くの社協がホームヘルプ事業やデイサービス事業を市町行政からの委託事業として運営していました。「介護保険制度に変わったから撤退します」とは言えない状況が現実としてありましたね。

社協が「在宅福祉」に取り組みだしたのは、ずっと以前の昭和五〇年代（一九七五年〜一九八四年）の初頭からだと記憶しています。一九七九年（昭和五四年）に全社協が『在宅福祉サービスの戦略』という本を出版して、市町村社協を在宅福祉サービスの供給組織に位置づけようとしました。そこで、先ほど塚口さんから紹介のあった「五四年論争」が起きました。私が火をつけた訳ではないのですが、「社会福祉協議会は運動体なのか、事業体なのか」という論争が全国的に沸き起こりまして、その論争の一因ではあったわけです。

在宅福祉サービスを提供するだけの社協になってしまって良いのか、「社協基本要項」で明らかになった「地域に派生する様々な課題を見つけ、住民主体で課題解決のための組織化活動を展開する」という運動体としての側面を放棄して良いのかという、強い危機感がありました。

塚口　この論争は、社協が事業体に傾斜していくことに対する強い危機感が背景にあった。そういう論争だったのではないかと思います。

小林　そうですね。実は僕は大学を卒業して最初は三田市社協に就職したんです。一九七二年（昭和四七年）に就職し、二年目の一九七三年（昭和四八年）に全社協の中央研修に派遣されました。全国から多くの市町村社協の職員が参加していました。そのときの講義ノートが出てきました。

塚口　すごいな。

小林　このときに、いろんな勉強をしたんです。木谷宣弘さんが「地域組織活動の過程」というテーマで話をされた折に兵庫県の五色町社協の「道路公害と住民活動」（当時の五色町社協の佐山満夫事務局長が主導）という事例を紹介しながら、社協というのは運動体社協にならないといけないということを何回も言われて、僕の中ではやっぱり社協というのは「基本要項」にも書いてあるように地域の中で問題を見つけて、それを住民とともに学習しながら課題を解決していく、そういう組織活動が非常に大切で、いわゆる直接的なサービスはすべきではないと。そういうことを聞いてきたものですから、その後、先ほどの在宅福祉の話が出てきたので、これは社協が今まで目指してきたものと違うのではないかと疑問を感じて、問題提起をさせていただきました。

― 表には出なかった「社協法制化」時の政令指定都市社協における葛藤 ―

塚口　僕もその時、ああ、なるほどと思って、これはちょっと立ち止まって考えないといけない課題かなというふうに思ったのですが、それを深めることなしに、眺めてしまったんですね。それが残念という気がいまだにしているんです。

それで、話をもとに戻しますが、今、小林さんが、『地域福祉の歩み 兵庫県社会福祉協議会三十年史』とか、いろいろ持ってきてくれましたけども、これはフォーマルな形で出版した歴史ですね。我々が今回企画しているのは、むしろインフォーマルな部分なんです。要するに、表には出なかったけれども、こういうところでこんな苦労があったというのをやっぱりみんなに知ってもらいたい。それは今までないんですよ。

坂下さんが先ほど触れられましたが、財産というのは、僕はインフォーマルな形で埋もれている部分を表へ出すことで、そこから次のステップのエネルギーが出てくるんじゃないかと、そんな気がしているんですけれども、坂下さんどうですか。

坂下　僕が所属していたのは神戸市社協ですが、一九五八年（昭和三三年）に神戸市が政令指定都市という位置づけになりました。これからの話は、初めての話であることをお断りしたうえで、政令指定都市社協の法的な側面で苦労した経験をお話しします。

今回の実践報告を書いてもらう人は市町社協のキャリアを持った人たちが中心になっていただきたいと思っています。おさらいの意味で触れますが、一九五一年（昭和二六年）に社会福祉事業法が施行されましたが、この時の社協は都道府県社協と全社協だけで、市区郡町村社

協は法律の上では位置づけがなされていませんでした。

塚口　空白だったんですね。

坂下　そうです。その状態が続いていました。全社協が市区郡町村社協を強化していくという方向性としていろんな活動方針を出し取組んできましたが、法律的には一九八三年（昭和五八年）に社会福祉事業法の一部改正で、市区町村社協が法制化されたわけです。

ただし、区というのは東京都の特別区だけで、政令指定都市の区は触れられていません。すでに政令指定都市制度はあったのですが、この段階では神戸市社協は市区郡町村社協のうちのいわゆる一般市町村と同じような性格になるわけですね。区の社協は法制化されてないということで、この法制化は当時の厚生省ないし国会が自動的にやったわけじゃなくて、全国の社協関係者が署名運動や陳情等を取組み、全国運動として展開した経緯があります。

このとき、僕が全国の社協の会議に行きますと、政令指定都市の市社協および政令指定都市の区社協がこの法律の中に位置づけられていないということでしたので、当時、全国的に展開していた市区町村社協の法制化運動に反対しようか、という話を政令指定都市社協の部課長会議で言ったことがあります。今だから、申し上げます。

塚口　へぇー、そんなことがあったのですか。それは知らなかった。反対しようというのは何が理由だったのですか。

坂下　実体はあるにもかかわらず区の社協が法律に載ってない。社会福祉法人化はしていませんでしたが、神戸市の場合、他の市町村社協よりも早い時期に実体はあったのです。

また、政令指定都市の社協は一般市町村と同様の法的な定義でいいのだろうか。広域社協としての位置づけがない。だから、法制化運動について塚口さんなどは当時推進したほうだと思いますが、県下各地の社協から役員や職員の署名を集め、全国集約し、それを議員立法という形でプッシュしていった。そういう全国運動は非常に珍しい運動だったと思いますが、そういう中で全国の都道府県・指定都市社協の部課長会議で先ほどのような課題が明らかになりましたから、当時六都市でしたが政令指定都市社協の部課長の何人かは、法制化運動には反対という手を挙げようかと。その会議に僕も参加しており、反対に賛同する声も上がっておりました。

塚口　それは初めて聞きました。

坂下　しかし、政令指定都市出身の国会議員さんに、この法制化運動については反対してくれ、というような行動をおこすと、結果的に全国の市町村社協法制化運動に横やりを入れることになりかねないという危惧もありました。また、都道府県・指定都市社協の部課長会議で、政令指定都市社協が冷たい目で見られるという、そういう危惧もありました。ですから、この議論は区社協も指定都市社協も深めることができなかった。とは言え、全国の市町村社協が全部一定のレベルに達しているかというと、そうでもない状況がありましたので、結果的には、部課長会議で議論し反対運動の立ち上げ一歩手前まで行きましたが、政令指定都市社協の部課長会議から都道府県社協の部課長会議に対し、政令指定都市社協はこういう問題を抱えているので反対運動をしたいところであるが、今回、法制化運動を積極的に推進はしないもののこの取り組みの足を引っ張るような行動はしない、という趣旨を、全社協の会議の報告の場で私が報告することになりました。

塚口　僕はあの当時、神戸市社協の中で法人格を有していたのは市社協はもちろんですが、もう一か所、葺合区社協は持っていたんです。葺合区社協だけが。これは不思議でした。

もともとは、社協の単位というのは市町村単位ですから、要するに、独立した行政体単位に社協がある。政令都市の区は予算の編成権も区議会議員も何もないわけです。たとえて言うなら姫路市の網干区みたいなものです。それが市町村と同じような位置づけになることには疑問をもっていました。

当時、神戸市社協は政令指定都市で都道府県社協並みだということを言いながら、世帯更生資金の原資の二割負担について神戸市は全く負担していなかったのです。

小林　世帯更生資金の原資への神戸市負担はありませんでしたね。

塚口　世帯更生資金の原資の財政的負担はすり抜けて、メンツのところだけを強調するみたいなところがあって、これではあかんわと。ちょっと神戸市、おかしいのと違うというのが当時の僕らの考えでした。だから、そういうことも反映していたのかと推察しますが、社会福祉事業法の一部改正に反対する意見があったとは、知らなかったですね。

坂下　それは、表には出ていませんよ。

塚口　わかっていますが。

坂下　表に出して、役員に反対署名運動をしてくれというようなことはしていません。ですから、治めたということです。

塚口　そういう論議があったというのは、初耳でした。

― 社協の法制化をめぐって ―

坂下　もう一つ大事なのは、一九八三年（昭和五八年）の市町村社協の法制化によって、「社協は地域福祉推進の中核的役割」と明記されたわけです。社会福祉事業法の最初の段階では、「地域福祉」という言葉はありませんでした。法制化により「地域福祉推進の中核的役割」という表現が出されたことで、「地域福祉」への指向を法的な面から強調されたと言えるかと思います。ところで、政令指定都市社協、民生委員協議会は年一回、恒常的な会合を持っています。現在も続いていると思います。現在、政令指定都市は二〇ありますが、社協ないし民生委員協議会の当面する課題、特に法的に解決しなければならない問題について、社会福祉施設等も含め、厚生労働省や国会への陳情などを毎年やっています。

その成果かどうかわかりませんが、これは社協だけでなくその後の在宅福祉にとって大事な出来事は、一九九〇年（平成二年）の福祉関係八法改正です。その時、特に社協は社会福祉に関する事業の企画・実施――具体的に言えば、社協は在宅福祉サービスについても企画および実施をすると。従来は、社会福祉に関する事業の企画ぐらいまでは法律に入っておりましたが、実施は入っていなかった。ですから、法的な側面として、社協について「社会福祉事業の企画・実施」、これを法律的にうたったわけです。

だから、結果的には一九四五年～一九五四年（昭和二〇年代）からありました協議体や五色のような運動体的な活動ですね。いわば協議体から運動体へと社協活動が展開し、一九九〇年（平成二年）の福祉関係八法改正を契機に事業体社協に移行していった。国の法律的なお墨つきをもらったということで、喜びたいところもあるかもしれないけど、逆にこれは大変なことになるぞと危惧した人たちもいたことでしょう。評価が分かれるところだろうと思います。

またこの時に長年の懸案事項であった政令指定都市社協と区社協も法制化されました。条文の中では非常に文章は細かくなっています。実はその後、僕も直接担当したんですが、神戸市の区社協の体制の脆弱性という課題がありました。区社協の社会福祉法人化を急がなければならなかった。法施行と相前後して、三年間で全区の法人化を完了した。その後、各政令指定都市でも区社協の法人化が進みました。

塚口　これで政令指定都市社協と区社協の法的裏づけができ、区社協の社会福祉法人化も進んだわけですね。

坂下　市区町村社協の法制化運動をめぐり指定都市および区社協の法制化に至る過程では、二〇〇〇年（平成一二年）には、社会福祉事業法が社会福祉法に変わりましたが、その中で社協は第一〇章に単独の節が設けられ、共同募金あるいは地域福祉計画と併せて、三本柱の一つとして、地域福祉の推進を図ることを目的とする団体ということで明示されました。都道府県および政令指定都市、指定都市の区、もちろん東京都の特別区も含め、長年要求してきた一本筋の通った内容が法律的に整ったわけです。

しかし、先ほど言いました事業の企画・実施とか、俗にいえば『目に見える社協』。地域福祉活動というのはなかなか目に見えにくい。よく「効果が見えない」と批判を受けるわけですが、具体的な事業を実施することにより、市民や住民に「見える社協」、カギ括弧つきですが「事業を行う」という道を全国の社協が歩むようになってきたわけです。

また、地域を拠点とした活動ですね。これは法律的にも規定しているわけではないですが、地域の組織化みたいなことは当然うたっているわけですが、バランスが悪く事業体化している社協が多いというのは残念です。
しかし、事業を持つことによって、具体的な一人一人の住民の個別ニーズなり、あるいは地域全体のニーズも見えてくる、肌で感じる。そういうプラスの面もあるわけですから、そこをうまく活かして、社協の機能として、住民を組織化して問題を社会化し問題解決を図っていくといった視点で、直接サービス事業をとらえることも必要ではないかと思います。

塚口　今回、『挑戦者たち』というタイトルをつけました。今まで県社協で出版された『地域福祉の歩み』などはオフィシャルな記録です。オフィシャルということは「理の記録」です。そうではなく期待としては「情念の記録」をつくりたいなと。さっき坂下さんが言われたような、そんなこと言ってもこんなことがあったんやでといったような。市町村社協の法制化運動に反対するという動きが一部であったというのは、僕は聞き初めでびっくりしたんです。しかし、それも僕は多様性の一つかもわからないと思います。区の社協も認めてくれないようなものであれば反対するというのは、それはやっぱり情念ですね。そういうものを編み出せないかなという思いがあります。

坂下　違った意見を言うことは責任を伴うことでもありますから、その影響なども含めて考えないといけない。逆に言えば、そのためにしておかなければいけないことは何かということなども考えることが必要ですね。

― 現在の社協の業務はどうか ―

塚口　僕は今、ある社会福祉法人の理事長をしていますが、社会福祉法人の理事長の役割も大変です。僕がそういう役割を担っている折、県の経営協のTさんが「塚口さん、このごろもう県社協が元気をなくして、職員の皆さんも小さく固まってしまっているようで、何とか手助けできませんかね」という話を持ち込んでこられたんです。僕は退職しているし、社協にあまり関わらないことにしていたんですが、県社協の副部長クラスで一年くらい研究会を持ったんです。ところが、何となしに消滅してしまったんです。異動があったり何かするたびに、中心になる人が部長になったりして。よく見ていると、あまり意欲がないんです。自ら何かを切り開いてやっていかないといかんとか、自分がやっている仕事をどんなふうに発展させたいといったような展望もきちっと持てていない。

そうすると、どういうことになるかというと、何か小さい枠の中で、あれこれの援助技術を大事にしていて、そういう固まり方をしているんじゃないかなという気がして仕方ないんです。これでは僕は社協の発展はないなと思っていることが一つ。

もう一つは、先ほど坂下さんは都道府県とか政令指定都市社協は何とかなるけれどもといったお話をされましたが、僕はこれを逆に見ています。一番不要論が出るのは、都道府県社協です。昔は市町村社協ができないことを都道府県社協がやっていく、あるいはいろんな情報を提供していくという役割がありましたが、今、兵庫県社協が出している機関紙を見ても、おもしろみを感じません。そのことはどういうことかというと、社協が小さく固まってしまっている表れの一つではないかなという気がしています。

坂下　これは都道府県・指定都市・区市町それぞれの社協に関係なく、社協職員が議論できていないんじゃないですか。コミュニケーションや話し合いだけでなく、飲みに行くとか、そういうことも含めて議論をする機会が少なくなっている。サラリーマン化しているのかな。時間から時間まで能率よくテンションを上げて仕事するのはいいんだけど、議論をしない。チームで何かをするということが欠けてきているんじゃないですか。

塚口　議論ね。議論していないんでしょうね。例えば、坂下さんがやっている仕事と僕がやっている仕事、小林さんがやっている仕事、これは小林さんの仕事や、関係ないわと。関わったら、仕事が忙しくなるだけで、できるだけ関わらないようにする。それから、聞いても聞いてないようなふりをするという、そういうのがひょっとして蔓延しているかもしれませんね。

小林　このあいだ、資料を探しに久しぶりに県社協に行ったんです。職員が言っていたのは、以前の県の福祉センターだと、オープンスペースで、一つのフロアにいろんな部の人たちが一緒にいたけども、今はそれぞれの部が部屋ごとに分かれているので、本当に連携がとれなくて困っているんですと。

坂下　最近の企業にワンフロア型が多いのは、コミュニケーション重視の現れですね。

小林　ええ。それで、今の事務局次長が言われるには、四階に地域福祉部とか主な部局が集中しているが、福祉事業部と地域福祉部を一階にまとめて配置することも考えていると言ってましたよ。

塚口　例えばＱＣ活動とか、小グループでの話し合いとか、そういう細々としたことは、みんなたけているんですよ。だけど、今、社協として何をしないといけないかといった、大局で物を見たり考えたりする視点が欠けているように思うんです。だから、おもしろくないんですね。

― 社会福祉の歴史を体系的に学ぶことが必要 ―

塚口　このごろの職員は、県社協の職員も含め社協の歴史をあまり勉強しないという話を聞きます。県社協発行の『地域福祉の歩み』も読んでないんじゃないかと思うんです。

坂下　そのようですね。

塚口　社会福祉士の国家試験でも、歴史が全く抜けているんです。僕は、社会福祉や地域福祉学会ももっとしっかりすべきだと思うんです。国が言うままの土俵に乗って…。学会は、このような現実をどのように考えているのでしょう。結果として、現場の役に立っていないのではないでしょうか。

坂下　社会福祉士の国家試験の指定科目の中で、要するに日本の社会福祉史、あるいは西洋の社会福祉発達史という、歴史としての科目はないんですね。

塚口　要するに、相談業務なら相談業務に当たったらいいじゃないかと。

小林　そういう狭い意味での技術だけ修得したらいいという考え方でしょうね。

塚口　僕らが習ったときは、コミュニティー・オーガニゼーション、それからコミュニティーワークへと。コミュニティーワークになったというのは、影響は、「シーボーム報告」かな。その「シーボーム報告」は、マジョリティーのニーズを取り上げてやるんじゃなくて、埋もれているマイノリティーのニーズを拾って、それに対応しなさいという、だんだんコミュニティー・オーガニゼーションの論理が狭められてきたんですね。だけど、一つだけ、そのことだけは日本の厚労省がまねをしているんです。

そのときに一緒に言っているのは、要するにソーシャルワーカーがスペシフィックになったらいけないと。ケースワーカーとかグループワーカーとかコミュニティーワーカーとかというふうに分かれてするんじゃなくて、すべての援助技術を駆使してクライエントに対応できるようなジェネリック・ソーシャルワーカーをつくらないといけないと言っている。
　だけど、そのことは厚労省は何も取り入れていないんです。それを取り入れて、社会福祉士の資格の中にコミュニティー・オーガニゼーションもちゃんと展開できるような技術を備えないといけないわけです。だけど、そういうのは除外しているんですね。これが厚労省のツボなんです。やっぱりそこから抜け出さないといけないんじゃないかな。

坂下　ジェネリックと言いながらも、科目が極端に細切れ過ぎて、半期の二分の一ぐらいの科目だとか、半期科目が非常に多い。だから、ジェネリックになりようがないという感じですね。まして、先ほどの話にあったように、これを学ぶ場もない。科目の設定上、広い視野に立って、考え方を思想として培っていく場もない。大問題ですね。

塚口　だから、そういう課題が今回の記録の中でどこかで出てくるんじゃないかなという期待をしているんですけど。

―　平成の大合併で広域化した社協は限界集落等の課題に取組めているか？　―

坂下　市区町村社協にとって影響が非常に大きかったのが平成の大合併です。これは社協にとって、地域に密着、あるいは地域に立脚した福祉活動を展開するという面で、負の要素が大きかったように思います。

合併により、従来、住民に見えていた社協の活動が、距離が遠くなり、職員も中心部に集中することで、活動も人も見えなくなっている。また、地域に出ていく機会も少なくなっている。県下に一〇〇ぐらいあった市区町社協は、二九市一二町九区に集約されました。この大合併によって先ほどのような問題点が生じてきた。これは社協の組織運営・活動だけでなく、市民と行政との関係でも問題です。

塚口　全国の自治体は平成の大合併の結果、大体三分の一ぐらいになったのかな。

坂下　全国で三三〇〇ぐらいあった自治体が一七〇〇ぐらいになりました。

塚口　奈良県や高知県の村では村会議員のなり手がいない。それで住民総会で対応しようか、みたいなことが研究されたりしていますが、それまでに市町村が消滅してしまうとの警鐘も鳴らされましたね。

小林　日本創生会議における増田レポートですね。

塚口　増田寛也さんのレポート。市町村が消滅する前に、小さな集落が消滅していっているんですよ。だけど、この小さな集落には、やっぱりまだ高齢者が何人か住んでいるわけです。これが放ったらかしになっているんです。そこにどんな支援をしていくのかということが論議されているようには思えないんですね。兵庫県でも、そんなのはいっぱいあると思うのですが、県社協はどのように考えているのかな。そんなことは頭のすみに行っているんじゃないかなと心配しております。私は、この「不感症」を最も恐れています。

坂下　限界集落、すなわち六五歳以上が過半数を占める集落がすごく増加している。限界集落からさらに進んで、集落滅亡というか、そういう状況に。一部の集落では、もう住人がいない。超高齢化している集落は県下でも多いですね。

― 現在の社協の職場の雰囲気は、職員は、変わった？ ―

塚口　視点が変わってきているんです。何かコミュニティー・ソーシャルワークといって、個別のマイノリティーのところにうんと力を入れて、その人たちの自立支援とか救済に当たりなさいということを言っているわりには、実際にはそこに目が行ってない。それで格好のいいことばっかり言ってるんです。

坂下　僕は仕掛け過ぎたけれども。特に一〇年、一五年と経験を積んだ人、今は割合、社協の職員も在籍年数は長くなっているんじゃないかな。でも、異動の範囲は少ないんじゃないですか…。それでキャリアアップもできにくいのでは。

塚口　だから、ある面では、これは先輩である我々の責任かもしれない。

坂下　いわゆるコミュニティ・ワーカーというよりも、事務職員になってしまっていると。経験の蓄積が少ないように思います。

小林　限られていますね。

坂下　一方で、専門職と言っても、ある意味では長くやることが専門職ですからね。これは大事なことだと思う。いくら専門づらしても、一年や三年ぐらいで専門的なことを言っても、絵空事ですよね。やっぱり実践を通じて、五年・一〇年やって初めて専門職として、プロフェッションとして成り立つわけで、継続は力なりです。だから、続けることに、惰性で動いておったらだめですけど、何事もプロフェッションとしてやる場合は、長く続けることも一つの要素だと思う。そのためには歯を食いしばることも大事です。けったくそ悪いとか、もうやめたるわという気持ちになることは分からないわけではないですが、それを乗り越えていくことがやっぱりプロフェッションの道だと思うんです。

―再び　今回の出版を考える―

塚口　そういう議論をする機会を今まで持たなかったこともあって、今回のこれが契機になればと思っているんですけど。いろんな活動の中の一つに、これも一つだということで。しかし、本を出版するのは、かなりエネルギーを費やすことになります。

だけど、そういうことを記録として残して、何人が読んでくれるかは別にして、何人かは読んでくれることにやっぱり期待していかないとしょうがないじゃない。

このごろの若い人は、こう言うんです。いや、勉強したいんだけど、資料がありませんと。自分で見つけろと言いたいんですよ。自分で見つけもしないで、自分の必要な資料が目の前に積んであるかと。そんなの、どこにもありませんよ。そこがあかん、出発点が。資料がなければ、ちゃんとそれを求めたり、小林さんが県社協に行って探したように行動しないと。県社協の資料室は、今は、ないんでしょう。

小林　ないんですよ。だから、僕が欲しいと思った資料も、まだ倉庫の箱の中に入ったままの状態で、探してくれたんだけど、そういう状況だから、何年のこういう資料と言っても、すぐには出てこない。現状では、資料を得る手段自体がないんです。残念に思います。

――職場の知的環境――

塚口　知的環境というのは失われた。みずから潰してしまったんです。ある職員が組合の執行委員長をしている時だったかな、「塚口さん、事務局長になるのは一人や。あとは定年になったらやめていって、どこも行くところない。県庁の幹部なんかは再就職先がみんなあるのに、何もないじゃないですか」といって、食いつかれたことがあったんです。辞めたら、それでしまいやと。そこで、いろいろ考えたのが、やっぱり知的な環境の中で育ってきた皆さんだから、これは大学へ行っても通用するだろうと。それで、兵庫県社協のOB・OGの多くが大学へ行ったんですね。

これはどういうことかというと、資料室があり、情報センターがあり、そういうものが知的な力をつけていく礎になっていた、と僕は思っているんです。

小林　それはそうですね。僕らもよく調べ物をしに行きました。

塚口　大学の先生もたくさん来ていました。そういう価値すらなくしてしまう。一方、神戸市社協はそういう環境があったとは必ずしも言えない。神戸市に檜前さんという非常に立派な民生局長がおられて、この人がソーシャルワーカー協会なんかをつくった一人ですし、それから、小前さんとかを輩出されているんですけども、神戸市社協においては知的環境は必ずしも豊かであったとは言えない。それはもう個人の努力です。そういうものもなくしていって、それで平気なんですね、みんな。そのことに抵抗したのかな、例えば県社協の労働組合が。

―阪神・淡路大震災における取り組みの扱い―

坂下　予定の時間になっていますが、特に、一九九五年（平成七年）の阪神・淡路大震災、それ以降にも多くの災害が起こっているわけですが、この阪神・淡路大震災の教訓を社協はどう活かすか。また災害と社協活動の課題についても議論を深めねばなりませんが。

塚口　そこのところが、弱いですね。全体を見て、そう思いませんか。しかし、残念ですが、時間になってしまったので、これで締めたいと思います。本日はありがとうございました。

第２部　地域福祉への挑戦者たち

第1章　社協の主体性を問う

1　草創期の県下の福祉活動拠点 ―トアロード社会事業会館―

元兵庫県社協職員
篠崎紀夫

私が兵庫県社協に在籍していたのは、一九六三年（昭和三八年）四月～一九六八年（昭和四三年）四月末の五年一か月であり、その年の七月末には、県社協の事務局は県民会館へ移転していますので、社会事業会館の最後の五年間ということになります。テーマの草創期というには少し時代がずれているような気がしますが最後の五年間の時期にかかわったものとして、当時の動向を振りかえってみます。

1　兵庫県社会事業会館

戦後間もない、一九五〇年（昭和二五年）に、社会事業の専用会館ができたということは、兵庫県の社会福祉への先進性を表す、まず特筆すべきことだと思います。兵庫県社協発足が一九五一年（昭和二六年）ということですから、その前年となります。場所も、三ノ宮からも元町からも徒歩で来られ、市電の中山手三丁目電停からトアロードを少し下がった場所という大変足場の良いところでした。

建物は木造二階建て、中庭があり、回廊式で中庭には大きな泰山木の木があり季節になると、白い大きな花を咲かせて、芳香をただよわせていました。会館には県社協の事務局、障がい者団体の事務所、会議室などと共に宿泊部と食堂がありました。広域な兵庫県下としては、低料金で利用できる宿泊施設があることは、県内全域を対象とする福祉活動拠点としては、大きな意味を持っていたことと思います。建築後、わずか一八年の昭和四三年（一九六八年）七月末で、老朽化を理由として閉鎖され、県民会館へ県社協は事務局を移転しています。

２　県社協地域課

一九六三年（昭和三八年）は、国の補助で、県社協に福祉活動指導員が初めて配置され、県の規模により兵庫県は四名の補助がありました。私は、地域課に所属し、野上文夫課長、塚口伍喜夫主事、八木新緑主事　それに私篠崎紀夫主事の四名でした。全員が二〇代という体制でした。次の年、一九六四年（昭和三九年）に沢田清方主事が入り、五名体制となりました。私が在籍した五年間はこの体制で推移しました。課内はとにかく、自由な雰囲気で、定められた業務はもちろん処理しなければなりませんが、自分なりで見つけたテーマについては、かなり自由に出張などもできました。県社協は地域の福祉活動を支援する業務を第一とすることについては、当時の朝倉斯道会長、関外余男事務局長以下、徹底していたように思います。

３　二つの組織的な活動

県社協地域課主事（福祉活動指導員）としては、地域の福祉活動支援ということや、福祉団体支援ということが、勤務時間内での通常業務であったわけですが、もう一つの側面の組織活動が当時としては必要な活動だと思っていました。それは自らを含めた働くルールを福祉現場に確立するための労働組合の活動でした。県社協事務局で働く職員が、まず労働組合を結成して、労働環境を確立して、当時の奉仕の精神を前提にした福祉施設の現場に働く職員へのはたらきかけをしていこうとしていました。まず日本社会事業職員組合兵庫支部県社協分会として、結成されました。分会活動は、自らの労働条件改善を目指し、支部活動としては劣悪な環境にある主に福祉施設職員へは個別の非公然の個人加盟組合員の拡大を進めていましたが、当時は公然化するまでには至らず、ほんの萌芽の時期でした。その活動の延長線上に、近畿ブロックの府県社協労働組合の連絡会（近職連）が組織され、滋賀県社協や大阪府社協の賃金交渉へ支援に行くなどに発展し、他の団体などと連携して関西社会福祉研究集会を開く事務局などを担いました。

社会事業会館はこのような活動の拠点としても、重要な役割を果たしていました。

4　私がかかわった業務から

県社協は今でもそうでしょうが、活動は広範囲に渡っていましたので、当然のことながら当時の全体を語ることはできません。私がかかわったものを列挙してみます。まず主にかかわったものでは、本来業務である地域社協推進のための諸活動としては、①一九六四年（昭和三九年）に制定された、地域社協推進五か年計画に基づく、地域巡回や職員研修など、とりわけ、当初は県下社協専任職員とのつながりをどう作るかを課題としていました。このほか　②善意銀行窓口　③障がい者団体との連絡窓口や身体障がい者スポーツ大会への参加　④赤い羽根奨学金給付事業　⑤隣保事業委員会などです。次に活動支援や共働事業としてかかわったものとしては、①社会福祉夏季大学　②社会福祉展およびバザー　③農山村調査　④兵庫県社会福祉大会などです。

（1）地域社協とともに

関事務局長より、最初に言われたのは、兵庫県は日本の縮図であるということでした。地形的にも日本海から瀬戸内海、太平洋につながり、また大都市から工業地帯、山陰の豪雪地帯から、温暖な瀬戸内気候、離島や農山村、すべてのメニューがそろっている。全国で唯一村のない県だということも聞きました。まず、最初に取り組んだのは、当時二〇市七七町あった市町を覚えることから始めました。併せて、地域の特徴を少しでも理解するよう努めました。

最初のとまどいは、言葉の発音のことでした。私は、関東育ちでしたので、いわゆる標準語で話していました。ある日、まったく初めての年配の方から電話があり、話していると、突然怒りだして、「なんであんたに命令されるのか」というようなことを言われて、大変とまどいました。

もちろん、私はそのようなつもりはなかったのですが、関東ことばが気になったようでした。それからは、付け焼刃で、関西風のイントネーションで対応するようにしました。

地域社協への関わりの最初の第一歩は、県下市・郡・町の専任職員とのつながりを作ることに専心しました。当時、百余名いた専任職員をフルネームで覚えることを課題としました。何か連絡することがあれば、必要に応じて、意識的に指名をして、連絡を取るようにしました。そのうちに、専任職員連絡会を発足させようということとなり、西宮市社協の本田氏を会長に選任して、県社協は事務局を担うことになりました。会としては、専任職員の処遇が大変悪い状態だったのが常に問題になっておりました。処遇改善のためには、県社協としても、全体的な課題として提起していました。現場職員の立場から県との交渉というほど本格的なものではありませんでしたが、県の担当課へ申し入れをして話し合う場を設定し、事務局として同席しました。すぐに、結果が出るというものではありませんが、当事者から発言する機会を設けられたのは大事な点であったと思います。

地域社協との関わりでは、全県を網羅的に出向くことは、不可能で、私の場合は淡路島へ重点的に行く機会が多くありました。とりわけ、五色町へは、訪問する機会がかなりありました。町社協の福祉講座や住民座談会への参加など、貴重な体験をさせていただきました。道路公害への取り組みの経過を、全国社会福祉協議会発行の「月刊福祉」一九六八年（昭和四三年）一月号にまとめさせていただきました。

(2) 善意銀行のことはじめ

兵庫県は、善意銀行の推進については、積極的な推進を進めておりました。一九六三年（昭和三八年）に県に参事（部長級）を室長とする「善意銀行推進室」が設けられました。室長と事務員の女性のみという体制でした。善意銀行はもとより、県が直接行うものではなく、県社協以下、市区町社協が設置して推進していくものであり、たびたび、担当参事に呼ばれるのですが、窓口担当といっても新米職員で、内容を十分把握できておらず、なにか珍妙なやりとりになり困惑しました。推進室はほどなくなくなり、参事は農林部長に転出していきました。

善意銀行は、金銭口座、物品口座、労力口座、技術口座が設けられました。まだ、ボランティアという言葉もなく、この労力口座、技術口座がのちのボランティア活動やボランティアセンターに発展していったと思います。当時は、金銭口座、物品口座はイメージできても、労力口座、技術口座は、理解しがたく、預託があっても有効なつなぎはなかなかできませんでした。労力口座の登録で一番覚えているのは、メリケン波止場の廃船に近いような船に住んで、海洋少年団にかかわっていた人から申し出があり、出向いて、いろいろ話をしましたが、その方がもつ技能を有効な活動にはつなげられませんでした。

金銭口座では、遊技業組合から百万円の預託がありました。初任給一三五〇〇円の当時ですから、今では一五〇〇万相当になるかと思います。その受け入れ確認で、百円単位の書類とともに決裁をすませたつもりでいたところ、口頭報告をしなかったことで、関局長から大叱責をうけました。若気の至りで、局長はよく見ないで印鑑を押されるのですかと言ってしまったためでした。

物品口座では、以前から取り組まれていた宍粟郡の婦人会から始まったという、西播地域からの年末の餅の寄贈を善意銀行扱いとすることとなり、引き続き福祉施設への配分となりました。打ち合わせのため、毎年年末には姫路へ出かけていました。ただ、全体的に善意銀行がどうあるべきか、あまりよく理解できていたとはいいがたく事務処理をいかにするかで終始していました。

(3)　障がい者団体の支援窓口で学ぶ

様々な障がい者団体支援で関わりましたが、直接的にかかわったのは、視覚障がい者団体にかかわりました。当時の県会長は、大野加久二氏でご本人は中途失明で常に奥様と同行でした。会は活発で、よく社会事業会館を利用して点字コンクールを行ったり、ホテルでマナー講習会を開いたりして、再三に支援要請がありました。また、印象に残っているのは、身体障がい者スポーツ大会で、視覚障がい者の相撲が行われ、呼び出しと行司を行ったことがあります。当時の兵庫県は社会人の相撲が強く、指導が良かったのでしょうか視覚障がい者で相撲を取る人が多かったようで、大変な迫力でした。

もうひとつ印象に残っていることは、視覚障がい者団体の役員会の後の懇親会でのことです。社会事業会館での名物であったスキヤキを囲む場に同席したときでした。晴眼者は私一人。スキヤキを作るのもおぼつかない私が、どう接待したらよいのか、自分でスキヤキを作ったこともなかったので、大変とまどいました。その時、役員の一人の方が「篠崎さん手を出さないで」と言い、見事な手さばきで調理して、私の分も取り分けて下さいました。その時に話されていたのは、遺伝性の視神経萎縮で、進行がすすんでまもなく成人式を迎える娘さんが完全失明するという深刻な話を淡々と話されていましたことと合わせて、強烈な印象が残っています。健常者が障がい者に世話をするのが当たり前というような思い上がりを見事に打ち砕かれました。

5　おわりに

県社協という立場は、三階建ての二階にいる立場だなと感じていました。全体を見渡し、推進していく大事なところだなと理解しつつ、やはりより現場に近い、一階を指向するようになっていきました。三階（全社協）へ行く話をいただきましたが、お断りをして、もっぱら、障がい児の家族へ寄りそう仕事が一生のライフワークとなりました。

関東へ戻り、仕事を始めてみると、縦思考が強いように思いました。比べてみると、総じて関西は横思考というべきなのか、横のつながりを大事にする仕事の進め方であったように感じています。私の二番目の職場であった、小児療育相談センターは民間の療育機関で当時、療育機関を標榜する公的な施設もなく、毎年一〇万人ずつ増える横浜市の人口急増に学校や保育園の対応に追われて、障がい児は置き去りにされていました。民間の療育機関のソーシャルワーカーとして何ができるのか悩みました。診断はしても後の処遇につながらないもどかしさがありました。前任者は、少しでも対応したいと、所内で障がい幼児の母子グループを行っていました。利用者には大変喜ばれましたが膨大なニーズにはとても対応できません。そこで、福祉相談室のワーカー業務の視点を、地域の家族によって運営される自主訓練会活動の支援という方向へ変換しました。この結果、自然に連絡会が組織され、のちに横浜市障がい児を守る連絡協議会として運動の拠点となりました。福祉相談室の主任として、自主訓練会を支援するという方針を打ち出し組織的な支援活動に取り組めたことは、兵庫県社協の経験が大きかったと思っています。

２　社協の方向性をめぐるいくつかの論争

元兵庫県社協事務局長
小林良守

プロローグ

日本における社会福祉協議会（以下「社協」という）の創立は太平洋戦争終結後間もなくの一九五一年（昭和二六年）のことでした。ＧＨＱ（連合国軍総司令部）による日本の占領政策の一環として、民間社会事業組織の再編成の脈絡の中で、中央社協が設立されるとともに、都道府県社協や郡市町村社協も一九五一年～一九五二年にかけて、急速な組織化が進められました。しかし、行政組織による上からの組織化であったために、当初は「開店休業」の社協も少なくなかったと言われています。

そうした中で、社協の草創期に関わった先輩諸氏の試行錯誤の後、社協活動の方向性が確たるものとして確立したのは、一九六〇年（昭和三五年）、全社協主催の都道府県社協組織指導職員研究協議会（山形会議）での議論を経て、一九六二年（昭和三七年）に策定された「社会福祉協議会基本要項」においてでありました。

1 「運動体社協」をめざして活動した時代～「社協基本要項」という羅針盤を手にして

全国の社協関係者にとって、この「社協基本要項」は画期的な意義をもち、あたかも初めて羅針盤を手にしたかのような感慨をもって受けとめられました。

「社協基本要項」[1]では、社協の性格、機能、組織構成などを明確にしました。社協の性格は、「一定の地域社会において、住民が主体となり、社会福祉、保健衛生その他生活の改善向上に関連のある公私関係者の参加、協力を得て、地域の実情に応じ、住民の福祉を増進することを目的とする民間の自主的組織である」と規定しています。

社協の機能は、「調査、集団討議、および広報等の方法により、地域の福祉に欠ける状態を明らかにし、適切な福祉計画を立て、その必要に応じて地域住民の共同促進、関係機関・団体・施設の組織活動を行うことを主たる機能とする」としています。さらに、「住民に対する直接サービスを行うことを原則として避けるべきである」として、組織活動重視の方向性を鮮明にしています。また、社協の組織は、「住民主体の原則に基づき市区町村の地域を基本単位とし、都道府県および全国の各段階に系統的に組織される」として、住民が主人公となる組織の在り方を提起しています。

「社協基本要項」でいう社協の性格や機能の規定は、アメリカで発達したコミュニティ・オーガニゼーション理論の日本社会への適用であったと言えるでしょう。ニーズに基づく問題解決と組織化活動を中心にしたプロセスを重視していました。社協関係者は、これらを総称して「運動体社協」と呼んでいたのです。

私は一九七二年（昭和四七年）四月に兵庫県三田市社協に就職しました。そして、翌一九七三年（昭和四八年）、私は全社協が主催する「社協職員中央研修」に派遣されました。その当時の講義ノートを見ると、河田正勝氏（当時の全社協地域組織部長）は、講義の中で「行政の委託事業など、事業体となっている社協が多いが、社協は福祉サービスを行う事業体ではなく、作り出していく運動体である」と言われていました。また、木谷宣弘氏（当時の全社協地域組織部部員）は、事例研究「住民主体の地域福祉活動」という講義の中で、兵庫県五色町社協の「道路公害と住民活動」を全国の優れた事例として紹介されました。トラコーマという住民の健康被害の原因がダンプカーによる道路の粉塵であることを調査で突き止め、公害対策協議会を結成して県土木出張所に何度も陳情したこと。神戸新聞が記事にしてくれたことなど住民が主体的に動くことで、最終的に県が道路の完全舗装をすることになったという事例です。「社協は、地域に存在する様々な生活課題を取り上げて、住民自身が自主的に解決、運動化していくよう援助する役割がある」という木谷さんの言葉が大変印象的でした。

一九七三年（昭和四八年）といえば、「社協基本要項」が制定されて一一年。さらに、同年には全社協が「社協基本要項」の方向性を継承した「市区町村社協活動強化要項」(2)を提起して、「地域組織化活動の強化と住民の課題に機敏に対応する運動体社協」を呼び掛けていました。私は、一九七四年（昭和四九年）四月に兵庫県社協に採用されましたが、「社協基本要項」に基づき運動体社協をめざして努力するのが、社協という組織の使命であるということを信じて疑わなかったものです。

2　社協の大きな曲がり角＝在宅サービス事業体社協への転換を批判する

――全社協「在宅福祉サービスの戦略」への批判――

このように、全国の市町村社協関係者は住民の福祉に欠ける状態を調査活動等によって明らかにし、地域組織化活動を展開していくという運動体社協をめざして努力を重ねていました。そんな矢先、全社協は一九七五年（昭和五〇年）に「在宅福祉サービスのあり方に関する研究委員会」（委員長・三浦文夫氏）を設置しました。そして一九七九年（昭和五四年）、全社協が研究の成果物として発行したのが「在宅福祉サービスの戦略」(3)でした。「在宅福祉サービスの戦略」は「福祉ニーズの高度化、多様化に対応するために、施設福祉偏重の処遇体系を再構築するものとして地域福祉や在宅福祉」を提唱していました。この中で、「社協は在宅福祉サービスの供給システムにおける民間の中核として位置づけられる」として、直接サービスの提供組織としての役割を鮮明にしたのです。

このように社協が在宅福祉サービスの提供という事業体を志向することは、それまでめざしてきた運動体社協を真っ向から否定するものに他なりません。今までの方向性を転換することについて、全国の社協関係者からも多くの疑問や批判が寄せられました。私も、兵庫県社協の機関紙「社会の福祉」に「危険な運動体否定」と題する一文を寄稿させていただきました。私の思いは、在宅福祉の必要性は充分理解できるが、それは市町村行政の役割であって、社協を在宅福祉サービス提供の中核と位置付けることは、運動体という社協の生命をいとも簡単に投げ出すことになると、強い危惧を抱いたからでありました。

しかし、こうした議論は次第に下火となり、全社協の在宅福祉サービス路線が浸透していったのです。

3 「新・社協基本要項」の制定をめぐる論争と兵庫県社協が提唱した社協の方向性

一九八〇年代の後半より、厳しい財政抑制の考え方、福祉問題の深刻化などを背景に社会福祉のあり方を根本的に問い直す動きが顕著となりました。その集大成が「二一世紀の本格的な高齢社会の到来を目前に、住民に最も身近な市町村で、在宅福祉サービスと施設福祉サービスが一元的かつ計画的に提供される体制づくりを進める」ことなどを目的として一九九〇年（平成二年）に公布されたのが、「老人福祉法等の一部を改正する法律」でした。いわゆる社会福祉関係八法改正と言われているものです。これら法改正の基本的理念は、選別的福祉から普遍的福祉へ、施設福祉中心から在宅福祉中心へ、中央集権から地方分権へ、受け身的な措置から主体的・選択的福祉へなど、ヨーロッパなどで定着しつつあったコミュニティケアの考え方を導入したものでした。

この八法改正のひとつとして社会福祉事業法も改正されました。その中で、ノーマライゼーションの理念、地域福祉の理念がはじめて明記されたことは画期的でありました。そして、社協に関する新たな規定が設けられました。ひとつは、指定都市区社協の法的な位置づけが行われたこと。いまひとつは、市区町村社協の事業として、「社会福祉を目的とする事業の企画および実施」(4)が加えられたことです。この「社会福祉を目的とする事業の企画および実施」とは、「市区町村社協が在宅福祉サービスなどの事業実施主体として法的に明確化された」ことを意味し、八〇年代初頭から市町村社協が各種の在宅福祉サービスを開発・運営してきた実績を踏まえたものと言えるでしょう。

前記のような社会福祉改革と軌を一にした形で、全社協が一九九〇年（平成二年）に提起してきたものが「新・社会福祉協議会基本要項（第一次案）」でした。その案では、あたかも古いコートを脱ぎ棄てるがごとく、「住民主体の原則」はすっぽりと抜け落ちていました。これには全国の都道府県社協や市町村社協関係者から猛然と反発が起きました。とりわけ、関西ブロックの府県社協や市町村社協の関係者は研究集会を開くなどして、第一次案への反対意見を集約したのです。それから全国的な議論を経て、一九九二年（平成四年）に制定された「新・社会福祉協議会基本要項」では、社協の性格の中に「住民主体の理念に基づき」という表現が復活しました。

全社協が「新・社協基本要項」を制定しようとする動きの中、兵庫県社協は県内の市区町村社協への支援方針をどうしようとしていたのでしょうか。実は、「新・社協基本要項案」を巡る論争と並行する形で、兵庫県社協においては新しく県内の市区町村社協に提案する活動方針書「新・市区町社協発展計画」の中身の議論を一年かけて継続しておりました。当時の松澤賢治福祉部長、小林（私）、藤井博志主事や他の福祉部メンバーとともに議論を深めて計画づくりを進めました。

完成した方針書の案は県社協地域部会でオーソライズされて、一九九一年（平成三年）三月に県内の市区町社協に提起されました。

その内容を若干ですが紹介します。新しい方針書のタイトルは「ささえあうまちづくり推進プラン～新・市区町社協発展計画」（九一～九三年）としました。「今後一〇年の活動指針」の一番目には「社協が今日まで培ってきた基本機能を一層重視し、住民主体の『福祉コミュニティづくり』をめざす」として、「旧・社協基本要項」の精神を踏襲しています。「社協の性格」は、「社協は、地域住民を基盤とし、住民の自己決定・通常生活の継続・総合的視点の尊重などの基本理念にもとづく地域福祉の実現をめざす、公共的性格を有する地域福祉推進の中核的民間組織である」（一部抜粋）と規定しています。また、「兵庫県下の社協は、（一部省略）組織化機能と具体的サービスの実施の両面を推進する組織として、発展が求められている」として地域福祉の総合推進を呼びかけたのです。

4　全社協の「事業型社協」と兵庫県社協の「総合型社協」の違い

全社協は「新・社会福祉協議会基本要項」を具体化した市区町村社協の発展・強化計画として、一九九三年（平成五年）「ふれあいネットワークプラン二一」を策定しました。さらに、このプランをもとに本格的な地域福祉時代における新しい社協のあり方を謳い文句として、平成六（一九九四）年「事業型社協推進の指針」を発表しました。この「事業型社協」とは、社会福祉事業法改正で、市区町村社協の事業として「社会福祉を目的とする事業の企画・実施」という規定が加えられたことを受けて、社協による在宅福祉サービスの供給を強調するものであり、社協の「事業体」機能を一層強化しようとするものでした。「住民に見える社協に」を合言葉に、「事業型社協」という言葉は全国に浸透していったように思います。

それでは、この動きは兵庫県内ではどうだったでしょうか。

全社協の「事業型社協」の提起に対する回答として策定されたのが、兵庫県社協の次の方針書である「ささえあうまちづくり推進プラン二一」（九四〜九八年）でした。この方針書の策定に中心的な役割を果たしたのは、当時の藤井博志福祉部主事と小林茂福祉部主事でした。

「推進プラン二一」の最大の特徴は、二一世紀の社協モデルとして『総合型社協』を提示したことにあります。『総合型社協』について、「社協の組織特性は、a　地域住民を基礎にした協議体、b　地域福祉を形成する運動推進体、c　先駆的・開拓的に福祉課題に対応する事業体としての三側面があります。兵庫県下の社協はこれらの三側面を統合したダイナミックな活動総体としての社協活動をめざします」と謳っています。これは、在宅福祉の受け皿としての事業体の側面だけを強調する「事業型社協」へのアンチテーゼといってよいでしょう。この『総合型社協』の提起によって、兵庫県内の社協関係者で「事業型社協」を口にする人はほとんどいなかったように思います。

エピローグ

社協は、もうすぐ七〇周年を迎えます。この間、日本の社協は何をめざしてどのような歩みをたどってきたのでしょうか。介護保険制度のスタートのとき、多くの社協がサービス事業者として介護保険事業に参入しました。しかし、一方で介護保険事業には参入せず、住民主体の地域福祉活動にこだわった社協もありました。今の若い社協職員のみなさんには、与えられた業務をただ遂行するだけでなく、今までの社協の歩み（歴史）や先輩諸氏の地域福祉への果敢な挑戦の足跡を、ぜひとも学んでほしいと切に願うものです。

【引用文献】

（１）「社協基本要項」の社協の性格、機能、組織構成の規定部分
（２）「市区町社協活動強化要項」の「新たな社協活動の方向づけ」の部分
（３）「在宅福祉サービスの戦略」の構想部分と社協の位置づけ部分

（4）「社会福祉事業法の改正」のうち、市町村社協の事業として「社会福祉を目的とする事業の企画および実施」
　　が加えられたことの説明部分

　前記（1）～（4）は、いずれも
和田敏明・斉藤貞夫編「概説　社会福祉協議会論二〇〇九・二〇一〇」／平成二一年七月／全国社会福祉協議会
からの引用。該当ページ　四五頁、四七頁、四九頁、五一頁

【参考文献】

・編集委員会編「地域福祉の歩み～兵庫県社協三十年史」／昭和五七年三月／兵庫県社会福祉協議会
・編集委員会編「地域福祉の歩みⅡ～兵庫県社協四十年史」／平成三年六月／兵庫県社会福祉協議会
・編集委員会編「地域福祉の歩みⅢ～兵庫県社協五十年史」／平成一三年一〇月／兵庫県社会福祉協議会
・和田敏明・斉藤貞夫編「概説　社会福祉協議会論二〇〇九・二〇一〇」／平成二一年七月／全国社会福祉協議会

3　共同募金配分をめぐる行管勧告に対しての闘い

元兵庫県社協事務局長
塚　口　伍喜夫

1　プロローグ

「国および地方公共団体は、寄付金の配分について干渉してはならない」（社会福祉事業法第七八条第二項）というこの規定を公然と破ったのが行政管理庁の共同募金の配分に関する厚生省への勧告でありました。

この勧告は、一九六六年（昭和四一年）九月に行われました。その内容は、主として次の三点に絞られます。その一つは、地域社協に対する共同募金配分は、施設配分に比して多きにすぎる。その二つは、社協配分の使途が事務費、人件費に充当されることは不適当である。その三つには、都道府県共募役員と社協役員との兼任は適当でない。とするものでありました。

一九六七年（昭和四二年）九月に行管は再度の勧告を行いました。第一回勧告では「社協は社会福祉事業を営むものとは認められないので、それに対する配分は不適当である」としていたものを、第二回目の勧告で、この部分について「社協に配分することは法律違反には該当しないが、その配分が余りにも多すぎる」と変化させています。

これらの勧告の趣旨は、共募配分は、できうる限り多く施設配分、生活困窮者等への配分を多くすべきである、と言いたかったようです。

この時私をはじめ、県社協の野上文夫、湯川台平、小俣頼一、岩見裕泰の諸兄、何よりも常務理事・事務局長であった関外余男氏が中心となってこの勧告に異議を唱えました。特に、野上文夫、私などが先兵となって反対の論陣を張ったことを憶えています。その結果、「行管勧告にたてつく兵庫県社協」などと新聞でたたかれるなど散々な反撃を受けました。

２　時代錯誤の行管勧告

こうした勧告は、社協にとって、その影響は計り知れないものがありました。社協は、地域福祉の今後の発展を見据えながら、財源供給の柱である共募の配分も段々と地域福祉にシフトしていくことが望ましいとの見解をつよくもっていました。その証拠に兵庫県共募は、社協の専任職員設置費をその配分で助成するという全国にない画期的な試み（昭和三五年：一九六〇年度から）を進めていた時でした。その結果、一九六五年（昭和四〇年）度末には市区町村社協に一五〇名の設置を見るまでになったのです。地域福祉を担う社協が市町村職員の兼任では、本腰を入れて継続的に活動を推進することは不可能だと判断しての対応だったといえます。

一方、社会福祉施設に対する国の支援は、十分とはいえないまでも、措置費制度の充実とともに安定的なものになってきていました。

こうした状況を見るとき、地域福祉分野は財政的に不安定であり、法定的にも市町村社協は空白の状態でした。私たち（前掲の皆さん）は、これからの社会福祉を展望するとき、まだまだ未成熟な地域福祉を支え発展させなければならないという強い使命感を持っていたと思います。それらを背景に社協に対する配分を強めていく方向に確かな手ごたえを感じている時でした。行管勧告は、これからの社会福祉の発展方向に水を差す以外の何物でもないと強く思い憤りを感じました。

3　行管勧告に悪乗りしたマスメデア

勧告は、共募配分に一部不正があった某県共募の事例と絡めたものであったため、全国のマスメデアの報道は悪意に満ちたものでした。社会評論家の藤原弘達（故人）などに至っては、共募配分は「山賊の山分け」などと評して批判しました。こうした報道に接して強く感じたことは、マスメディアの報道ほど無責任なものはないということでした。しかし、「捨てる神あれば拾う神あり」の例えのごとく、神戸新聞社社会部の谷記者（名前は失念しましたが）は、何回も県共募や県社協を訪れ、われわれ職員や関係者と論議し、この勧告の不当性を認識されました。以降、連載記事で兵庫県共募、社協がこの勧告に徹底抗戦する意味を報道していただきました。この一連の動きの中で、私は、新聞記者のあるべき姿勢を谷さんに見せていただいたし、他の新聞報道記者のいい加減さも目の当たりにしたものでした。

４　なぜ、徹底抗戦したか

私たちがなぜこの勧告と闘ったかについて以下に少し詳しく説明します。

①　この勧告は、プロローグの第一行に書きましたように、社会福祉事業法の規定に明確に違反した行為であったからです。社会福祉事業法第七八条第二項には「国および地方公共団体は、寄付金（共募で集まったお金、筆者註）の配分について干渉してはならない」と規定しています。このことを全く無視した越権行為であったからです。行政管理庁は、当時の厚生省に対して勧告したもので、共同募金会に対しては直接に何も言っていないというのでしょ

うが、社会福祉法人を監理監督する厚生省に勧告することは、共募配分に対する明らかな干渉です。厚生省は、この勧告をもって都道府県知事に対して勧告の趣旨を徹底するよう通知しています。こうした状況を受けて、多くの府県共募は社協配分を減額ないしは停止しました。その結果、社協は行政に対して補助金増額を強く要望することとなり、行政も一定その要望に応えるようになり、社協の行政依存化は一層進むことになりました。

この勧告は、社協そのものの性格さえ変えるほどの悪影響を与えました。社協を行政の付属物にする意図がこの勧告にはあったとすれば、その意図は成功したといえます。

② 社協配分が「事務費、人件費に充当されることは不適当である」とする勧告内容にも抵抗しました。要するに、共募配分対象は「箱もの」、あるいは目に見える「固形物」にせよ、という内容なのです。

社会福祉の中核は専門職者（コミュニティ・オーガナイザー）とそれを支える職員集団の働きに負うところが大です。地域のさまざまな福祉的課題を解決ないしは緩和するため、人々の連帯を促し、協働して活動を展開する状況を創り出すのは専門職の存在なくしては不可能です。この人件費をまかなうことがなぜだめなのか理解できませんでした。教育費と言われるもののほぼ八割は教師などの人件費です。教育は人が行うのです。社会福祉を担う「人」へお金を使うことは芳しからず、という行管の「間違った思想」を払拭しない限り社会福祉の発展は望めないのではないか、それを強く感じました。

③　社協は「目の上のたんこぶ」だったのか

第一次勧告では「社協は、社会福祉事業を営むものとは認められないので、それに対する配分は不適当である」とするひどい内容でした。この時点では、市町村の社協はまだ法定化されていませんでした。当時の社会福祉事業法第七四条では「（前略）社協は、都道府県の区域を単位とし、と規定しているように、地域福祉推進の主体者である市町村社協については、法的には、空白状態だったのです。この状態を長く放置したのは厚生省だったのです。

市町村社協が法定化されたのは、この時点から一六年後の一九八三年（昭和五八年）でした。

都道府県社協の事業として、一．社会福祉を目的とする事業に関する調査、二．社会福祉を目的とする事業の総合的企画、三．社会福祉を目的とする事業に関する連絡、調整および助成、四．社会福祉を目的とする事業に関する普及および宣伝、を掲げていました。

行管は、このような社協、焦点は市町村社協、に共募の配分をすることは社会福祉事業法違反である（第一次勧告）とまでいいきったのです。そうまでいいきる根拠は、法律に規定されていないということだったのでしょう。行管がもう少し賢ければ、市町村社協を長く空白のままに放置してきた厚生省に「早く法定化しろ」と勧告したことだと思います。

当時の社協は、兵庫県で見るならば、運動体的要素を色濃く持っていました。例えば、「子どもの遊び場づくり運動」「公害から県民の健康を守る運動」の展開。「通園通学路の点検運動」などなど、その要望先の多くは行政当局でした。行政側から見れば、補助金を出している相手からあれこれと要求され突き上げられる、まさに「飼い犬に手をかまれる」ようなものだという批判が行政側にあったことは事実です。

市町村の社協が法律的には空白でありましたが、法人化は徐々に進められていました。法律的には空白であるのに、何を根拠に法人化が進められたのか、それは、社会福祉法人に関する規定に準じたのだと思われます。

さて、この行管勧告を仕掛けた黒幕はだれかということです。消去法で推測しますと、社協はこの勧告で得をすることはありません。施設側でしょうか、施設は、措置体制の充実を望むこそすれ、今後、共募配分に大きく期待することはないのではないかと思います。低所得階層の人たちでしょうか、この階層の人たちは「健康で文化的な生活を得るため」生活保護費の充実をはじめとした社会保障の拡充を強く望むでしょうが、共募からの支援に強い期待感はないはずです。そうすると残るのは、勧告を受けた厚生省ではないですか。厚生省はじかに配分干渉に当たるような行為はできない。しかし、施設側からの措置費の引き上げ要求、施設で働く職員の処遇改善要望などに十分に応えることはできない。これ以上は民間財源の導入を図るしかない、という思いが裏で行管を動かし、同時に、社協を一層行政依存化させることで、社協に対するコントロールを強め、従順な「飼い犬」にしていこうとする魂胆ではなかったかと推測しますが、間違いでしょうか。

５　飼い犬に飼手をかまれろ

行管勧告との闘いで感じたことがいくつかあります。それらを提起してこの稿の結びにしたいと思います。

一つは、民間性とは何かということです。兵庫県社協の初代会長の朝倉斯道氏は、民間性とは、在野性である、と言っておられました。私なりに解釈しますと、在野性とは、権力に追随するのではなく、常に野にあって、批判的であれ、ということではないでしょうか、野にあるということは、住民の側にあるということ、支援や保護を受ける側に立つということではないかと思います。

社協には、批判精神が求められると思います。行政側は、この批判を受け止める度量の広さと深さが求められます。行政側、特に首長は、批判を嫌います。批判は一つの貴重な羅針盤なのです。羅針盤を無視する航海は座礁します。社協に求められる民間性とは権力に阿ることなく、野にあって主張することだと考えます。

二つには、社協職員の立ち位置ということです。行管の勧告に決然と反対したのには、すでに申し上げましたように、幾つかの根拠があったのです。それは将来への見通しと、それに向かって進む強い意志です。見通しには、客観的な、あるいは科学的な根拠がなければなりません。私たちは、社会福祉は住民主体でなければ本物は構築できないと考えております。いわば、シチズンファーストの考えです。これを貫くのはかなりのエネルギーが必要です。そのエネルギーの糧は学習です。

【参考文献】

・五〇年史編纂委員会編「兵庫県共同募金会五〇年の歩み」／平成八年一二月／兵庫県共同募金会
・編集委員会編「地域福祉の歩みⅡ」／平成三年六月／兵庫県社会福祉協議会

４　地域福祉サービスの総合化をどのようにすすめたか

―「安心のまちづくり」をめざして―

元竹野町社協事務局長
吉谷紀之

１　地域組織化活動から在宅福祉活動へ

私が社協に入った一九七〇年代（昭和四〇年代）は、地域組織化活動（コミュニティ・オーガニゼーション）が盛んな時代で、ほかの町にも学びながら、住民参加による環境美化やごみ焼却炉の整備、公衆トイレの設置などの地域活動が、生き生きとすすめられていました。住民自らが培った主体的な福祉参加という経験は、次にやってくる福祉組織化活動や、在宅福祉の時代においても、たいへん大きな推進力となりました。

七〇年後半（昭和五〇年代）には、毎晩のように集落別住民座談会を開催し、県社協から、岩手県沢内村の保健福祉活動の記録映画『自分たちでいのちを守った村』のフイルムを借りて上映し、大きな反響を呼びました。山間部の若い母親から、「夜に子供が高熱を出し、不安のなか、まんじりともせずに夜を明かした」という切実な話など、健康不安に対する声があがりました。それが地域保健師（当時は保健婦）の設置を要望する声となり、ただちに社協から町へ要望書を提出して、ようやく五年後に実現しました。社協をよりどころにして住民が結集したこの経験は、その後の活動を進めていくうえで大きな力となりました。数年後には、保健業務の増加によって保健師の増員が必要となり、社協からも要望を続けて二名体制に強化されました。

住民座談会は、社協に対する住民の理解と期待を予想以上に高めました。また、葬祭簡素化や葬具貸出事業、介護用品や生活機器の貸出事業などの新しい事業を生むとともに、住民から出された声は、一人暮らしや要介護の高齢者、障がい者などの各種調査活動を展開していくうえでの重要な動機づけともなったのでした。

これら新たな事業を興すための運営費や葬祭用具、貸出機器などの整備費には、共同募金の地域配分金や善意銀行預託金を充てましたが、そのことが、住民会費や共同募金寄付金、善意銀行預託金などの自主財源の飛躍的な増加へとつながっていったのです。

また、各種の福祉調査からは、住民の切実な福祉問題が浮かび上がってきました。寝たきりの家庭からは「入浴介護がもっとも困難」という声があがり、保健師の協力を得て、簡易浴槽による訪問入浴サービスを、おそるおそる実験的に開始しました。それは、これまで経験したことのない課題であり、具体化には大きな決断と準備が必要でしたが、「気持ちがよかった」というお年寄りの笑顔が、その後のサービスを前進させる力になりました。

一人暮らしや夫婦の高齢者世帯からは、食生活の問題から配食サービスの必要性が浮かび上がり、数年の準備期間をかけて体制を整え、ボランティアの参加による「食事サービス」を開始しました。月一回から週二回への回数増を目標にするとともに、障がい者の家庭への配食も実現していきました。重度障がい者の社会参加を目的にした「希望の旅」も、住民座談会での声がもとになって実現したものです。こうして、在宅福祉活動の充実を求める住民の声は、しだいに大きくなっていきました。

2　医療・保健分野などとの連携

町社協は発足以来、《聴く・動く・結果を返す》活動スタイルを重視して活動を続けてきました。社協の在宅福祉・地域福祉の活動は、一九八四年（昭和五九年）に老人福祉センター「ふれあい会館」が完成し、社協の新たな活動拠点ができたことによって、あらたな進展をみました。新設された機能訓練室を活用して、念願の脳卒中後遺症の人達を中心にしたリハビリ友の会「竹の会」が発足しました。週二回、生活リハビリを中心にした自主訓練会が、ヘルパーや保健師の支援で始まりました。その後、理学療法士や作業療法士の協力を得て、訪問リハビリを開始し、しだいに地域リハビリテーションの体制が整っていき成果をあげていきました。

また、ふれあい会館を拠点にして知的障がい児の「療育訓練事業」が生まれ、変遷を経て、共同作業所「なかよし園」として独立していきました。このほか、認知症の人達の家族の「ひまわりの会」、一人暮らし高齢者の「おいばなの会」などが産声をあげました。

3 《業務の相互乗り入れ》をすすめる

男性の「障がい者ヘルパー」を社協に新設したのもこの時期です。老人ヘルパーと協力し、医療の現場とも連携しながら、ＡＬＳ（筋委縮性側策硬化症）患者や重度障がい者の生活支援に努力しました。家族だけでは担いきれない痰の吸引（＊当時は、吸引や血圧測定は医療行為とされており、医師が認めれば家族のみできました）を、生活や生命の維持に欠かせない生活支援行為として、医師の了解と指導のもとにヘルパーも担えるようにしたり、家庭の状況にあわせて、ケースごとにいろいろ取り決めていったのです。これらの取組みによって、医療、保健、福祉の連携はいっそう深いものになりました。しかし、この取組みは、あくまでも緊急避難的なものであり、常態化は避けなければなりません。そのような矛盾を感じながら、類似のニーズが増えていくなかで、その解決策の一つとして、町社協に「訪問看護センター」を開設することにしました。

この医療・保健との「相互連携・相互乗り入れ」の考え方は、のちに開設するデイ・サービスセンターにも引き継ぎました。業務を職種の専門性で分断するのではなく、それぞれの専門性は維持しながらも、介護職もバイタルチェックやじょく瘡管理ができるようにし、保健師から徹底した技術指導を受けました。また看護職も、介護や生活分野の業務が担えるように、カリキュラムをつくり採用時研修を行いました。「業務の相互乗り入れ」です。これは、互いの専門性を侵し合うのではなく、連携し補完し合いながら、より効果的に業務が行えるようにすることをねらったものです。このことによって、職種間の相互理解と連携が大きく進み、情報交換をし合いながらスムーズに仕事ができる職場環境をつくることができました。採用時研修の大切さを認識しました。

4　新しい在宅福祉サービスを育てる

このほかヘルパー活動との関係の中で生まれてきたサービスに、「移送サービス」と「介護人派遣事業」があります。前者は、ヘルパー活動で避けるべきとされながら、担わざるを得なかった通院や外出時の移送介助の業務を整理し、社会参加にも対応できるよう拡充したものです。後者は、ヘルパーの活動の隙間を埋めるために、低額有償の利用事業としてヘルパー業務から分離し開始したもので、いずれもこれまでヘルパーが、やむを得ず担わざるを得なかった仕事を、あらたなサービスとして切り替えたものです。このように、数々の制度上の制約に直面することによって、サービスの組み換えや開拓を行ってきたのがこの時期ですが、制度の矛盾や使いにくさに直面したことが、却ってサービスの組み換えや新規開拓、総合化をすすめる力になったことも事実です。

たとえば移送サービスの開始は、外出困難な人達が諦めかけていた、ささやかな願いを実現することにつながりました。たとえば、お墓参りやお花見、登山、夕陽が見たいなどの日常的な行為の実現です。「もう一度パチンコがしたい」という願いもありました。「誰もが生きたいように生きることができれば、どれだけ幸せか」という思いで、願いに応えてきました。ＱＯＬ（生活の質）の維持と向上が目的でした。

また、在宅サービスを行う中から、自然発生的に在宅の精神障がい者へのかかわりが始まり、保健所の支援を受けて精神障がい者リハビリテーション事業を実施し、そこから障がい者雇用の実現へとつながっていきました。

さて、周辺のことにも少しふれておきたいと思います。この間、住民の求めに応じて、「福祉講演会」「福祉講座」「手話教室」「ボランティア交流会・研修会」「家庭看護法講習会」など、数々の学習機会を提供し、また、生活を見直そうとボランティアの手で始まった「生活の物品交換即売会」から、行政も参加する「福祉と健康フェスティバル」が生まれ、幅広い組織が参加して年一回のイベントを開催するなど、住民の発案や参加による事業が、いろいろな形をとって動き出しました。一九八八年（昭和六三年）のフェスティバルでは、障がい者の生活の自立と社会参加をテーマに、衣料やおむつに対する意識を変えていこうと、障がい者もモデルになって「おむつのファッションショー」を行い、大きな反響を呼びました。

5 「福祉の里」へデイ・サービスセンターの開設

町社協は、県社協の呼びかけに呼応して、一九七七年（昭和五七年）から「社協発展計画」を策定して活動してきました。また、高齢化の問題が深刻になっていくなかで、町は一九八八年（昭和六三年）の末に、「町高齢化社会対策委員会」を設置し、対策の検討を始めました。社協もこれに参加して計画づくりに参画し、一年後の一九九〇年（平成二年）一月に「町高齢化社会対策推進基本計画書」をまとめ、町長に答申しました。町議会で承認されたのち、引き続き「町高齢化社会対策推進協議会」を設置して、その具体化が検討され、まず「福祉の里づくり」（総合的な地域福祉の拠点づくり）に着手することが決まりました。そして、要望の強い「デイ・サービスセンター」の建設から始めることになり、二年後に「町デイ・サービスセンター」が完成、町社協が受託して業務を開始しました。続いて、特別養護老人ホーム、障がい者小規模作業所、総合福祉センター、屋内多目的運動広場、駐車場等の整備が順次行われ、およそ一〇年をかけて、当時描いていた地域福祉の総合拠点（地域福祉ゾーン）の主要なものが整備され、新たな地域福祉の拠点として動き出すことになりました。デイ・サービスセンターは、その後、社協の手でさらに一か所設置しました。

また、多人数が利用するデイサービスではよい処遇ができにくい認知症高齢者に特化した小規模なデイサービス（宅老所）が必要となり、民家を借りて家庭的な雰囲気のサービスを開始しました。このように、必要な周辺サービスをつくり、それらを効果的に組み合わせて展開していくことも、社協の大事な仕事になりました。

6　サービスの総合化と「安心のまちづくり」

こうして竹野町社協が、一九九〇年代以降、「在宅サービスの総合化・総合推進」に取組んできたのは、サービスの質と量を高め、住民のみなさんが必要とするサービスを可能なかぎり細やかに実現して、利用者や家族の生活の維持・向上に役立てていくためのものであり、「安心のまちづくり」が、その到達目標だったのです。

町社協は、一九七七年（昭和五七年）から社協の発展計画や地域福祉推進計画を策定し活動を展開してきましたが、一九九三年（平成五年）からは『安心のまちづくり推進プラン』に名称を変更しました。それは、「在宅福祉の総合化・総合推進」と「地域ケアシステムの整備」に力を注ぎ、『安心のまちづくり』を現実のものにしていくことが目標でした。

町社協は発足以来、『住民主体・利用者主体』の活動原則に則り、《聴く・動く・結果を返す》活動スタイルを堅持して活動をすすめてきましたが、このことは、介護保険制度などの契約・選択の時代を迎えて、いっそう重要性を増したと認識しました。

サービスを動かすのは人であり、したがってサービスの総合化は、《人の総合化》にほかなりません。人のかかわり方や考え方がサービスの質を決めていきます。そのような考え方のもとに、専門職としての職員の質的な養成に着目した《人の総合化》への取組みをすすめました。福祉職の専門性は、まさに「人間関係を取り結び、人の自立性を高める援助」にあるといえます。そのために、採用時研修や中堅職員のステップアップ研修を重視しました。

また一方では、住民参加によるサービスの担い手を拡充するため、例えば入浴サービスでは、入浴技術研修を修了した在宅看護師やボランティアを地域に配置し、短い時間を提供してもらえれば、サービスの即戦力となれる方法を編み出しました。この方法は、職員が本来の業務に専念していく上でも、住民の参加意識を高める上でも効果がありました。

7　地域ケアシステムの整備へ

このように、いろいろな方法を創り出しながら、社協組織内の《人の総合化》をすすめてきましたが、同じ方法による総合化を、社協を取り巻く医療や保健、リハビリなどの関係機関・職種との間でも拡げ、連携をすすめていきました。当然ながら、お互いのメリットと信頼関係があることが前提ですが、ウィンウィンのよい関係を築きながら、他機関のもつサービスとの総合提供・総合推進を、必要なケースごとにすすめていきました。ＡＬＳ患者に対する在宅ケアなどがその一例です。利用者や家族に、より質の高いサービスを提供するためには、社協が持っているサービスや人材だけでは、どんなに頑張ってみても限界があります。それは、医療などの分野でも同じです。その限界を知って、互いの協力関係を築くことが大事なことです。

繰り返しになりますが、「在宅サービスの総合化・総合推進」は、「総合的な地域ケアシステムの整備」をめざすものであり、目標は《安心して暮らせるまちづくり》です。したがって、地域の人々による見守り活動やボランティア活動など、これまで社協が蓄積してきた地域組織化や福祉組織化活動との連動なしには成し得ません。それが「地域福祉の総合推進」なのです。

竹野町社協は、「聴く・動く・結果を返す」活動に始まり、そこから見えてきた「在宅福祉」の推進とその総合化、さらに「地域ケアシステム」の確立をめざして歩みを重ねてきました。それは、地域づくりにかける役員と職員の熱い思い、住民の皆さんの支援、さらには、社協と一緒に歩んで下さった関係機関や専門職の大きな力添えがあったからにほかなりません。しかしながら、さらに高みをめざす道半ばにして、行政の広域合併が始まり、社協もそのあおりを受けて合併を余儀なくされました。それは、たいへん手痛い変革でした。私も、合併を目前にして退職しました。

８　総合力・調整力を育て、生かす

総合力や調整力は、社協にとってたいへん大事な機能ですが、しかしそれは、初めから機能として備わっているものではなく、むしろ、活動の中で培っていくべき性質のものです。それを獲得するためのエネルギーは、実は「住民主体の活動」そのものの中に存在します。社協は、その性格や立ち位置からして、総合力や調整力を発揮し得る、稀な活動組織体であり、それを大切に育て、生かしていく必要があると思うのです。

活動の成果は、日時を重ねないと陽の目を見ませんが、積み上げたものを壊すことは簡単にできます。地域性が少しずつ異なるそれぞれの社協が、長い年月をかけて、住民とともに創り上げてきた地域財産なるものが、社協合併によってどうなっていったか、たいへん危惧するところです。

これからも、住民主体の原点に立ち返って活動を積み上げていくことが、住民の信頼と期待を得る組織として生き残れる唯一の道だと思います。それは、いつの時代にも通じる、古くて新しい原点だと思うのですが…。

第2章　社協基本要項を具現化する

5　〝その時　社協はどう動いたか〟
―道路粉塵公害への取組み―

元五色町社協事務局長
佐山満夫

1　はじめに―地域や暮らしに根づいた活動や組織の土壌はどう作られたか―

(1) 地区社協を絶やさない―「地域に根差した組織」づくり―

♪真っ赤に燃えた太陽だから　真夏の海は…♪　この歌を天才少女美空ひばりが大ヒットさせたのは忘れもしない一九六六年（昭和四一年）。約五〇年前、私が社協専門員として地域社協の門をくぐった年です。私の真っ赤な太陽は、地域福祉を「住民主体」でいかに組み立てていくかにあったと思います。

五色町（現洲本市五色町）は、淡路島の西南部に位置しており、昭和三〇年代（一九五五年～一九六四年）を中心とした「昭和の合併」により、近隣五カ町村を集めて誕生した町です。

当時、私の鳥飼地区では、農協が有線放送事業を行い、各戸へ農協事業を中心とした「お知らせ」の放送を流していました。地区社協はこの放送に目をつけ、毎朝「社協とは」と題して誰にでも分かる解説を行っていました。五色町の誕生とともに二九〇〇戸余の世帯を集めた五色町社協も再スタートしました。

地区社協を基礎単位とした取組みが、「住民主体の社協活動」の原点になろうとは予測はしていませんでした。合併以前の地区社協の組織を残したことで、地区社協時代に学習研鑽を積んだ若手のボランティア達が地域福祉を主導する地区社協の推進委員になったり、民生委員の大半にこうした若手が推薦されるという組織づくりにつながったのです。

(2) 「学習」は事業を進めるエンジン ― 地区住民座談会は学習の場 ―

私の福祉活動歴は、一九五九年（昭和三四年）に県下子ども会活動指導員の認定を受け福祉活動に加わったときから始まります。一九六一年（昭和三六年）に五色町社協推進委員に委嘱されました。

仕事を通じて痛感したのは学習の大切さです。学習は、事業を成し遂げるエンジンにも似たようなものだと思います。学習や研修は、私が入職する以前から地区社協で開催していました。鳥飼地区では多忙な田植えの時期が終わり一息入れる七月中旬から八月初旬までの間に開催していました。

その内容は次のようなものです。学習会は「地区住民座談会」と称し、町社協と地区社協の共催で実施、参加者は地区社協の会員（民協、社協推進委員、町内会長）、式次第は、まず町社協から前回以降の報告事項（活動の進捗状況およびその後発生した問題）、県社協からは社協活動の全国的な進捗と課題、県下社協活動の評価。そして、地域福祉論の解説。地区社協からは、現在の活動状況報告とその中で地域福祉を阻害している潜在的な問題やニーズについての解説、といったものでした。到達段階に応じた学習を、約二時間半の時間で実施します。そして、発表や要望が出てきた中で、地域福祉を阻害するような課題がすでに顕在化しているようであれば解決のための組織づくりを行います。組織づくりの最終決定は、綿密な調査を踏まえて決定するというものでした。

この地区住民座談会の中で組織づくりをするには時間的にも無理がありますので、一〇月までの間、町社協も一緒になって取り組みました。地区住民座談会の取組みが第一段階とするならば、調査活動は第二段階だと私は考えました。

(3) 住民の「暮らし」の中に生活課題を見い出す ― 社協の視点 ―

ここでは、地域福祉問題を解決するに際してはコミュニティーオーガニゼーションの手法を用いて取り組んだ『道路粉塵公害問題への取組み』の実践を紹介します。

まず、五色町における道路粉塵公害の背景を考えてみます。一九六〇年（昭和三五年）頃、当時の池田内閣はそれまで進めてきた戦後復興の軽化学工業から重化学工業へ移行するため「所得倍増計画」を打ち出しました。結果として、一〇年で国民所得を倍増する計画を一〇年を待たずに成し遂げたわけですが、スピードが速すぎて有害物質が川や海へ放出されました。いわゆる公害問題が発生するようになってきた時代です。

私どもの町の周辺には今まで企業らしいものはなく、わずかな田んぼからの収入で家族全員が食べているというのが、地域の平均的な暮らしでした。そうした中、隣町から瓦工場が住宅建設の波に乗り、五色町にも複数の工場が進出してきました。

今までの貧農生活から月末にはお金が入るサラリーマン生活へ、退職金も社会保険もあります。おばちゃん、おっちゃんも元気であれば就職可能、もちろん、若い青年は言うに及ばずで、こうして採用された人たちはそれぞれに送迎バスで出勤です。今まで閑散としていたバス停には毎朝二〇人から三〇人の人だかりができ、大変賑やかな場所へと変わりました。給料日になると、地元に帰ってきた人達も加わり地元商店の店頭は一層賑やかになり、瓦工場様さまの様相を呈する状況に変わりました。また、自治体においても、法人税や固定資産税、市民税といった収入が増え、ここでも瓦工場様さまという状況で、「住民の暮らし」を守る役所も喜んでいました。

なのに、社協が「道路粉塵公害」に、なぜ、取り組んだのか。これから記します取組みは、〝住民主体の原則〟を基本に据えて取り組んだものです。

2　活動の実際 ― 社協基本要項の理念「住民主体」の具現化 ―

(1)　粉塵公害の顕在化と、それに対応した組織づくり

一九六五年（昭和四一年）の夏、毎年開催している地区住民座談会がT社協の町内会で行われました。プログラムが進み、参加者からの地域問題の発言に移りました。発言の主は会場の近くに住む兼業農家の方で、県道花立線（五色鳥飼から洲本市までの県道）の約十キロ、この沿線に

住む彼が最初の発言者に選ばれたのは、それだけ問題が深刻だったからでした。

彼は「今までの座談会で社協さんが取り組むべき問題の中で公害についても触れられていたが、この会場のそばを通る道（県道花立線）を八トンから一〇トンもあるダンプカーが土を落としながら粉塵を巻き上げ我が物顔に走っているのを知っているか。事故の起こらぬ今のうちに対応すべきだ」との発言を行いました。瓦工場の誘致を住民も役所も喜んでいたのに、今日のような状況になろうとは誰も想像していませんでした。

瓦の原料は良質の粘土で、これを強烈な温度の窯で焼いて製造します。原料の主産地は瓦工場周辺になく、後に触れるT地区、H地区、S地区の三地区で生産されています。この三地区と五色町は県道花立線で結ばれ、その延長は一〇キロメートルに及びます。この問題を解決するには、素人目に見ても道路改良であると思われましたが、当時は淡路島内に限らず土の道がほとんどで、国道を除き仮舗装されておればオンの字と言われた時代でした。

この土の道を、大型ダンプカーが大量の粘土を積載し、産地と瓦工場をピストン運転するものですから、土の道が削られ、それがタイヤで粉塵化されて飛散し、歩行者はもちろん、周辺の人家でも夏に窓を開けて涼をとれない（当時はクーラーはありません）という惨状でした。もちろん、洗濯物を屋外に干すこともできません。小中学校もこの沿線にあり登下校が危険であるといった声も寄せられていました。

早速、HおよびS地区の二地区でも、急遽、住民座談会を開催しました。出てくる問題は共通した課題でした。地区座談会を終え、この三地区が一本化すれば大きな運動になるに違いないことを確信し、三地区の住民座談会を総括した後に組織づくりに取り掛かりました。

この問題が新聞等で取り上げられたことから、五色町の農協が粉塵対策協議会の事務所を提供してくれました。事務所の所在地は、三地区の中心に位置し粉塵道路にも面した所です。地域の関心も高まり、以下のような組織が結成されました。それが県道花立線粉塵公害対策協議会であり、会長にはT地区社協会長、副会長にはH地区社協会長とS地区社協会長、顧問として町社協会長が就任し、推進委員は各地区社協委員一八名がなり、各活動班の総合企画と事務は町社協事務局が担うことになりました。

いよいよ公害対策活動が始まるのですが、地区の人たちから聞いた話だけでなく、各々の目で見て、生の声を聴くことを主眼に署名活動に取り組むこととし、組織の機能や役割について以下のように整理しました。推進会議は、総会的機能を担う。署名運動は、道路の日常利用者全員を対象とする。陳情活動は、道路関係機関を対象とする。調査活動を重視する（第一次調査から第三次調査）。広報活動は、日刊紙、社協広報紙とするなどです。

(2) 見通しと方向性を共有した、粘り強い取組み

真っ赤な太陽が照りつける八月のある日、関係地区の要衝三か所で、粉塵公害の第一次調査を行いました。各地区の座談会で住民から発言のあった状況と何ら変わらない現況を踏まえ、陳情活動が始まりました。

陳情先は、県土木事務所、所轄警察署、地元町役場、行政監察所です。この中でカギを握るのは、県土木事務所です。この土木事務所へ公害対策協議会会長をはじめ複数の役員が出向くとともに、他の関係機関へは調査結果の書類を郵送しました。

対策協議会長をはじめ役員に対応した県土木事務所淡路出張所所長の答弁は「県道花立線の今の予算では、どう考えても住民の要望を満たす額には及ばない。住民の声も考えねばならんし…」と。出張所レベルでは無理だと言わんばかりの答弁でした。

私たちは一回の陳情で事が済むとは考えていませんので、出張所の上級機関である県土木事務所が対応すべきと考え、社協の広報で陳情の結果を掲載しました。

県土木事務所への陳情資料作りの過程では、今まで実施した調査結果をさらに裏付ける調査や活動に取り組みました。粉塵等の住居への影響（車両の通行に伴う振動による住宅の傾き、泥はねに伴うドアや障子の汚染状況、小中高校生の登下校時や高齢者の歩行に及ぼす危険性）の調査結果や実態の写真（粉塵により洗濯物が干せない、窓が開けられない様子）に小学生の作文を添

えるなど、工夫を凝らしました。

対策協議会の活動目標は、延長一〇キロメートルの道路の完全舗装でしたが、県土木事務所は心情的には受け止めているようでしたが、期待したような回答は得られません。しかし、陳情者の「少しは前へ進んでいる感触が得られた」の言葉を励みに取組みを続けました。

この活動の間にも、散水車が水をまく様子が見られたり、時には県土木事務所の車が道路の現況を写真に撮っている様子が目撃され「潮目が変わったのか」と思われましたが、県土木事務所から「淡路の道はどこもよく似た状況だ。あなた方のところの道だけではない」と言われたことを思い起こしつつ、対策協議会は、五色町から洲本市へ通じるもう一本の県道との比較調査に取り組むことにしました。

(3)　実態調査結果を踏まえ、組織を挙げたソーシャルアクションの取組み

調査によって、県道花立線の通行量は一方の県道よりも一般車両では二倍、ダンプカーにいたっては三〇倍も多いという実態が裏付けられ、その結果を公表しました。

翌日、地元紙の地方版トップがそのことを取り上げました。さらに、沿道に居を構えるある住民が粉塵に耐えかねて〝泥粉集塵機〟を製作したという話題も加わり、粉塵対策を求める声は再び盛り上がりました。一九六六年（昭和四一年）七月の地区座談会以降取組んできた粉塵公害対

策の取組みも、翌年三月には第五次の調査を数えるまでになっていましたが、「やるだけのことはやった」と、小休止の状態に陥りました。

そのような中、一九六七年（昭和四二年）六月に県土木事務所本庁主催の県民相談が当町で開催されるとの情報が町長部局からもたらされました。対策協議会はこれが最後のチャンスと、会員はもちろん全町内会長、全町会議員、農協理事等を総動員し、当日に臨みました。

当日の内容は、県道花立線粉塵公害対策一色となりました。対策協議会長が調査結果を踏まえた被害状況を説明し、多くの参加者からも舗装の措置を講じるよう発言がありました。県土木事務所がどのような答弁を行うのか、会場には緊迫した空気が漂っていたのを覚えています。対策協議会側も、他の県道との比較調査結果や〝泥粉集塵機〟の話など、深刻な状況は十分に伝えたとの自負がありました。

そうした中、本庁土木課への連絡のため会場を退出していた県側の責任者が戻ってきました。どんな結果が伝えられるのか。緊張の一瞬でした。回答は「舗装を行います。当面、区間は八キロ。工費八〇〇〇万円。今年の七月に着手し、残る区間は追って実施します」。

歓声が上がり、会長はうれし涙で私と握手した手をなかなか放さなかったことを覚えています。県土木事務所側が退出した会場では、参加者が「今年の夏は、さわやかできれいな空気の中で暮らせる」と声を上げ、運動の達成感に浸っていました。

３　住民に見える社協活動―取組みの効果―

一九六七年（昭和四二年）七月、道路ローダー（新式の舗装整地機）の轟音が県道花立線に響きました。ダンプカーのタイヤで削り取られた土道が、黒いアスファルトの道に変わっていきます。この様子を見ていた対策協議会の面々は、しばらくその場を動こうとしませんでした。翌年には残る区間も舗装され、町民はのど元につかえていた異物が取れたような思いでした。

同時に、住民は自発的に道路を守る〝道路愛護班〟を結成しました。工事完了の挨拶に来た県土木事務所出張所長からは「今までいろいろな陳情をいただいたが、住民自らが道路を守るような運動は見られなかった。あなた方の運動には心惹かれるものがあります」との言葉が添えられました。

一方、粘土を満載して運搬していたダンプカー会社からは、お世話になったお礼にと共同募金に寄付をいただきました。社協は、それらを財源に安全運転の標識を要所に建てました。取組みを通じ、様々な人に社協の存在を感じていただけたものと確信しています。

私の活動理念として「住民主体」を掲げてきましたが、退職後三十数年を経た今でもその信念は持ち続けています。

6　日本最長・真野まちづくりと私
―神戸市長田区真野地区との関わり―

元神戸市社協在宅福祉センター所長
坂下達男

1　序にかえて

二〇一六年（平成二八年）の三月に、手元にB四の大判サイズで五五頁もある大作の分厚い資料が届きました。書名は『尻池南部地区自治連合協議会五十年史』といい、八頁ものカラーグラビア写真にはじまり住民有志の寄稿文・年代別実践の歴史・関係者による回顧座談会・研究者（宮本憲一・井岡勉・延藤安弘・今野裕昭ら）の寄稿論文、これに加えて苅藻防犯実践会と尻池南部だよりの機関紙の復刻版が載せてあります。

同書の帯には、広原盛明（元京都府立大学長・都市計画学）―工事用ダンプが砂塵を巻き上げて走る海岸通に接して南部公会堂があった。その公会堂を拠点にして生まれたのが「真野まちづくり」です。尻池南部十ケ町が中核を担いました。尻池南部自治協議会は真野まちづくりの「へそ」なのだ―と記してあります。また著名な地域社会学の研究者である奥田道大は、神戸市長田区真野地区のまちづくりを評して『日本最長のまちづくり』といい、都市地域の住民活動の成果と教訓を導き出しています。真野まちづくりは、一九六五年（昭和四〇年）にはじまり二〇一五年（平成二七年）で半世紀を迎え、いまなおまちづくりの活動は脈々と続いているのです。

私は、一九六六年（昭和四一年）に神戸市社会福祉協議会（以下「神戸市社協」）に新設間もない国庫補助対象の福祉活動指導員（ソーシャルコミュニティワーカーと同義）として入職しました。当時は地域組織化（地域福祉）担当職員として、住民主体の原則に基づく地域福祉活動を神戸市内で展開すべく、入職以来約一〇年にわたって市内各地に出かけていき住民の福祉組織化と福祉活動の盛り上げに昼夜分かたず頑張っていました。

時に神戸市社協は一九六五年度から小地域での住民組織化と福祉活動の基盤強化のために「小地域福祉推進事業」を立ち上げ、三〇〇～五〇〇世帯単位ごとに小地域福祉推進地区を指定して実験的・重点的に取り組み、社協の担当職員を派遣・援助・助言に当たらせていました。一九六五年（昭和四〇年）には真野地区の南東部の一部の約三〇〇世帯の東尻池八～一〇丁目を推進地区にして活動を展開することになり、私は指定の翌年からこの地区も担当することになったのです。これが真野地区との出会いでありその後約一〇年近くはコミュニティワーカーとして、またその職務を離れた後も少なからず関わり、先の五〇年史の回顧座談会にも参加したのです。そこで真野地区まちづくりと縁を結んだことから、まちづくりの経緯や成果および社協職員とりわけ地域福祉担当職員としての役割と教訓を考えてみたいと思います。

2　真野地区のまちづくりの過程

㈠　住宅と工場が混じりあう真野地区

神戸市長田区真野地区は、神戸市の中心街から西へ数キロメートル離れた長田区の東南部にあり、国道二号線・新湊川・兵庫運河・苅藻島に囲まれた住宅と工場が密集している古い一小学校区域です。地区の居住者は二〇〇〇世帯に満たず四千人余りが住み、近年は人口減と高齢化が著しいものの、人情豊かな人間関係があり住民の結束は固く住みやすい地域です。

㈡　広がる推進組織

真野地区のまちづくりは、小地域福祉推進事業の福祉推進地区の東尻池八～一〇丁目福祉会を発端とし、順次組織の範囲を広げ苅藻福祉防犯実践会、尻池南部地区自治連合協議会〈二〇一五年（平成二七年）解散〉、真野自治連合協議会、真野まちづくり推進会へとまちづくりの中核組織を改組し、一七の単位自治会が基礎をつくっています。また真野ふれあいのまちづくり推進会は、住民の親睦と交流や福祉活動を担い、実践目標と課題によって組織の役割を分担しています。このほか婦人会、子ども会、老人クラブなどの年齢や目的ごとの団体が数多くあり、各組織の力関係は時の指導者や経験に左右されますが、地域行事や災害対策などでは住民の動員と結束は他の都市地域では見られないほど高いものがあります。

㊂　柔軟で多彩な活動

まちづくりの五〇余年に及ぶ実践は、その時代や社会状況に機敏に対応しており、実践目標や活動課題は長期かつ広範にわたり、またその取り組みは幅広く柔軟です。そこで主な活動課題を暦年ごとに概観してみます。

①　保健福祉環境衛生　一九六四年（昭和三九年）～――住民の自主活動で未舗装道路・側溝の清掃、住民によるカ・ハエ駆除の一斉薬剤散布、道路舗装と下水道整備を市陳情、子ども会づくり、身体障がい者をつくらない運動で地区内工場に労働災害防止と交通事故防止の交通安全活動の啓発など。

②　公害追放運動と住民学習　一九六六年（昭和四一年）～――住民の健康検診、公害発生企業の告発と改善の集団交渉、企業の立入検査、「かるもゼンソク」被害調査、工場移転跡地の市買上げ交渉、緑地緑化と小公園づくり、「かるもまちづくり学校」、市長と市議会議員の現地踏査と地域改善要望集会など。

③　在宅福祉活動　一九七五年（昭和五〇年）〜――健康医療講座、独居高齢者友愛訪問活動、在宅用入浴機材購入の資金カンパ活動、寝たきり高齢者入浴サービス活動、独居と高齢者世帯のふれあい給食活動、年齢別子供の遊び場づくりなど。

④　防御から創造のまちづくり（都市計画）活動　一九七八年（昭和五三年）〜――市に都市改造のまちづくり陳情、都市計画専門家集団の参加協力、地区まちづくり計画の住民提案など。《その後、二〇〇四年（平成一六年）までに、小学校、児童館、共同立替住宅、市営住宅、地域福祉センター、特別養護老人ホームなどの教育・福祉・集会・住宅の公共施設が、三〇棟近くが建設や立替が完了》。

⑤　阪神・淡路大震災対策と復興活動　一九九五年（平成七年）〜――自主災害対策本部、住民と地元企業自衛消防隊の消火活動、自主救出救助活動、自主炊出し、独居高齢者の安否確認、救援物資の団体一括受取りと高齢者と障がい者優先の配分システム、建物安全調査とレスキュー隊の編成、復興感謝の集いなど。

⑥　復興のまちづくり活動　一九九八年（平成一〇年）〜――地元企業の社員食堂の地域開放、転出企業本社の地域復帰、復興再生記念植樹、安藤忠雄講演会、「真野まちづくりフェスタ二〇〇五」、有限会社「真野っ子」など。

⑦　暴力団組事務所追放で安心なまちづくり　二〇〇六年（平成一八年）〜――地区隣接地に

暴力団組事務所進出の情報で周辺自治会が暴力団追放等協議会設立、七回の暴力追放住民決起集会、二九七日述べ六千人の夜回りパトロール、ポスターの張り出しやチラシ配布とのぼり旗の街頭設置、暴追ニュース、法廷闘争で全面勝利し事務所進出阻止など。

⑧　新たな活動拠点の確保と推進組織の再編　二〇一三年（平成二五年）～──まちづくりの最初の活動拠点の尻池南部公会堂を解体撤去、真野まちづくり会館（二階建で事務室・会議室・資料室を整備）、尻池南部地区自治連合協議会の五〇年周年記念式典挙行と解散、同五〇年史、新たに一七自治会参加の真野自治連合協議会を再編設立など。

3　真野地区のまちづくりの成果と教訓

五〇年間を超える真野まちづくりの地域活動は、保健衛生・社会福祉・環境改善・防火防災・緑化保全・都市計画・住環境・世代交流・地域間交流などの活動を、住民の生活に根ざした長期にわたる総合的・包括的な住民活動です。それは都市地域において小地域活動を基盤にした住民主導型の公私協働のまちづくり活動であり、地域住民の生活と福祉を守る福祉コミュニティを目指す活動でもあります。そこで真野まちづくりの特徴と特筆すべき教訓をいくつか考えてみます。

第一には、常に高齢者や障がい者、子供等の社会的支援を要する階層に視点を置いていることです。それは阪神・淡路大震災時の救助活動や被災者支援に表われており、住民ボランティアによる友愛訪問活動や市内で最初の高齢者入浴サービスは、その後各地に波及し、全市サービスの制度化につながっています。

第二には、活動目標、推進組織、地域的範囲の発展過程にあります。活動目標では、緑化・環境改善や社会福祉等の自助・助け合い活動、公害追放や公園設置の運動では公（行政）と民（住民）の協働の社会的活動、利害関係の激しい都市計画では住民側の高い意見集約能力と粘り強い合意形成活動がみられます。推進組織では、自治会、婦人会、防犯実践会等の多様な網羅・階層組織を活性化しながら、推進組織に組み込むことで構成員の意識を変え活動への参加を促進していいます。地域的範囲では、極小地域から課題ごとに地域を拡大し校区全域および周辺地域に効果を波及させています。よく見られるわが町だけが良くなればとのエゴイズム意識は全くありません。

第三には、活動スタイルに柔軟性と多様性があり、住民の知恵や工夫を活かすとともに、積極的に外部の専門家や研究者の参加を得て総合的に地域力を高めています。それは季節行事、住民集会、調査、学習会、陳情と多彩であり、専門家集団やマスメディアの活用、無党派でなく諸党派の議会対策、法廷闘争など硬軟の戦術を使い分けています。

第四には、まちづくりでは常に実利実益を求めて、住民に目に見える成果を上げることで住民に自信と誇りをもたらし、より住民の関心と参加意識を高める結果になっています。それは舗装整備された道路、多様なタイプの住宅群、地区内に多数ある緑化公園、企業の地域向け祭り、数多くの公共施設、活動拠点のまちづくり会館に見られます。一方、真野まちづくりの今後の課題を私なりに提示しておきます。

先ず住民の努力にもかかわらず真野地区では人口減少と高齢化が著しく、都市生活の場として活力が低下していることが最大の課題です。そこで抜本的には住工混合地区の再編成が求められ、低・中高層の住居専用地区としての魅力と活気あふれるまちづくりが期待されます。また数多く分散している公共施設の統廃合と合築も必要であり、その際は医療や商業施設の配置も必須になります。次いで真野まちづくりでは、活動の担い手が高齢化して若手の参加が少ないといわれており、活動人材の若返りと発掘が急務になっています。今後の人材は高齢指導層を重要視しながらも、全請負型から有限責任型（一定時間・特技技能・職能）人材を起用して、役割を応分負担する体制づくりが期待されます。また地区内の居住者だけでなく企業に働く人々を地域人としてまちづくりに参加を求めることも必要です。さらに五〇年を経た地区の総合的実態調査を実施することです。これはこれまでの成果を住民に改めて評価を問い直すとともに、住民の顕在的・潜在的ニーズを客観的に把握して、今後の活動目標を科学的に見つけだすことにあります。

4　真野まちづくりの役割と評価

神戸市長田区真野地区とは、私は当初の約十数年は神戸市社協の地域組織化担当職員の職務として関わり、担当職務を離れた後や同社協を退職後も、その関わり方に濃淡はあるものの一九六六年（昭和四一年）から今日まで五一年間の長期にわたっています。しかしこれまで同地区と私との関わりの考え方、歴史的経緯、対応の方法・技術などを詳細に記述したことは皆無です。そこで記憶に曖昧さがあることや真野地区には非居住者であることに弱点があるものの、社会福祉専門職としてのソーシャルコミュニティワーカー的視点をも踏まえて、記憶を甦えさせながら真野まちづくりに対する私が果たした役割の点検と評価を加えてみます。

第一は、地域指導者や住民とともにおおいに考え議論し、行動を共にしたことです。まちづくりの端緒になった東尻池地域に居住していた故毛利芳蔵氏は後に真野地区の牽引者となっていきますが、同氏とは地域実態のとらえ方や活動の推進方法・住民の関心呼び起し方など、あらゆることを同氏の自宅や近くの喫茶店で時間をかまわず地区役員とともに激論をよく戦わせたものです。また住民大会、公園開園式、年末懇親会等の地域行事や啓発パネルづくり・公害調査表作成の共同作業にも参加してともに汗を流すことで、自由に意見を交換できるようになり、また相互に刺激をうけたことが活動の範囲の広がりや内容の深まりに多いに役立ちました。これらのことも住民の動員力の高まりにつながり、かつ多様な住民階層の参加の源にもなっています。

第二は、学習や教育活動を重視し体験を通して住民意識を高めたことです。地域の諸問題を三回のまちづくり学校（一回当たり五～七講程度）で問題の本質と解決方法を学び、入浴サービス体験実習を積んで入浴ボランティアを組織化し、先進地区との実践交流で外部から刺激を受け自ら発奮し活動意欲を高めました。一方、毛利芳蔵氏は、地域行事や交渉ごとの先頭に立ち、自ら活動報告を発言や文章に表すことで指導者としての資質や力量を磨き、持ち前の統率力と実践力とあわせて地域指導者として内外から信頼と名声を高めることになります。指導者層は、自ら思考し行動し発言し文字化することで、組織の指導者として成長し信頼が築けるものと言えます。

第三は、住民の意識啓発と内外の広報活動に取り組んだことです。地区では定期的に機関紙「かるも」や「尻池南部だより」を発行することで、常に地域の今の動向を知らせることで地域問題への理解と関心を呼び起こす啓発活動を続けています。また地元新聞社等への情報提供によりマスメデアを活用することで公害問題を世論に訴えたり、暴力団追放のチラシやのぼり旗によるミニコミなど、戦法も柔軟かつ多様な方法を用いています。なお私は、各主催者からの依頼により、同業種での事例報告や「月刊福祉（全社協）」への寄稿、日本社会福祉学会での研究報告などと外部への発信に努めましたが、平成一〇年頃からは真野まちづくり推進会が報告・記録集を順次発行して内部から意欲的に発信しています。

最後に、私は社協という行政と関わりが深いことを利用して、積極的に行政情報の引き出しや資料提供・行政担当部局との引合せなどのつなぎ役を果たすことで直接・間接に真野のまちづくりを支援してきました。また地域援助技術を磨くため、神戸の歴史、地域（都市）社会学、都市計画学、社会（公害）問題、住民運動、地域組織化の理論、社会調査方法、広報技術、社会資源などの理論と実践方法のほか討議法（個別・集団・ＫＪ・フォーラム・ワークショップなど）についても、自己や外部の学習で学ぶことに努めたことを思い出します。

なお本稿中の敬称を略すとともに、出典資料や参考資料が多数のため省略したことをお許しください。

7　高砂市における「小地域福祉活動」の取組み

元高砂市社協事務局次長
網　嶋　秀　樹

はじめに

私は、人口約一〇万人の東播臨海工業地域の高砂市（以下「当市」と略）で、小地域福祉活動にこだわって社協活動を取組んできました。小地域福祉活動は、社協の特色である住民主体の福祉活動、ボランティア活動、ネットワーク活動、連絡調整活動等、社協が実践しているこれらの活動を基礎とする活動であり、行政では難しい取組みだと思います。

しかし、実際の取組みは難しく根気のいるものです。地域団体の役員交代など、進んだかと思うと元に戻ってしまうこともあります。限られた職員体制や厳しい財政の中での経費の捻出など組織内の課題もあります。何とか当市で住民主体のきめ細かい福祉活動を定着させたい。そのためにはどうすればよいか、いろいろと試行錯誤しながら取組みました。私が何を思い、何に向かってやってきたのかを振り返ってみます。

取組みを通じて「住民自らが築く福祉」への意識改革も目標に据えました。この目標を立てた当時、当市では高齢化が進み、ひとり暮らしや寝たきりの高齢者の増加、認知症の高齢者の介護等が課題となっていました。しかし、当時、当市は海岸部の大企業からの税収に支えられ、地方交付税不交付団体で裕福な街でした。そのような状態を反映してか、市民の福祉への参加意識は低く、「福祉は行政が行うもの」といった受け止め方が圧倒的でした。住民自らが福祉活動に参加し、協力し助け合って、自分たちのまちを福祉のまちに、といった意識へと高めていける仕組みを活動の中で作り込むことを意識しました。

1　福祉委員を地域に理解してもらう

(1)　社協発展計画の三本柱として、福祉委員を設置

小地域福祉活動を具体的に取組むために第一次社協発展計画を策定し、その最重要目標に以下の三本柱を立てました。㈠市内全域に福祉委員をきめ細かく配置し、㈡社協会員の拡大と会費制の定着を図り、㈢理事、評議員の選出区分を見直し、住民に支えられた社協組織づくりにつなげる。社協の理事および役員における発展計画の議論では、今後の社協の活動にはこの三本柱が何

としても重要であるとの議論を徹底して行い「三本柱の推進なしに、発展計画は達成できない」との合意を得たことで、組織内の計画に対する認識をより強固なものに高めることができました。

福祉委員の設置ならびに会員会費制の実施をめぐっては、後述の地域説明会での白熱した議論に加え、「福祉委員は、民生委員の屋上屋になるのではないか」「社協会費は、必要なのか。市の補助金で運営すればよい」等、市議会で本件が取り上げられたりすることもありましたが、社協役員会で「発展計画の三本柱の推進」の強固な合意を得られていなければ、様々な壁に直面したおりに計画遂行の断念といった事態にも直面していたと思われます。社協の取組みの方向性を「発展計画」として組織決定したことには大きな意義があったと思います。

(2) 福祉委員設置をめぐっての論議

福祉委員の委嘱までの一年半は、議論の連続でした。社協の役員会では、㊀福祉委員は、誰が選ぶのか、自治会長の推薦か、民生委員の推薦か。推薦者は誰が委嘱するのか、市長か、市社協理事長か。㊁任期は、二年か、三年か。各団体役員の任期がバラバラの現状でどうするか。㊂福祉委員は、あて職か、個人委嘱か。といった様々な意見が出されました。

また、地域への説明会では、㊀福祉委員は、民生委員の屋上屋になるのではないか。民生委員と福祉委員の関係はどうなるのか。どちらが上か、役割分担はどうするか。㈡福祉委員の権限は、活動費はどうか。㈢福祉委員は知り得た個人情報を他に漏らすことはないか、等々の質問が相次ぎました。

2　福祉委員の選任と単位自治会ごとに福祉推進委員会を設置

(1)　福祉委員の役割と推薦に際しての留意事項

社協役員会では、地域説明会の論議も踏まえ、結論を出しました。今後の福祉活動には、福祉委員は、必要です。福祉委員の役割は、次の四つです。㈠身近な福祉の相談役　㈡地域で援護が必要な方の見守り役　㈢援護が必要な方と専門機関との橋わたし役　㈣福祉のまちづくりの世話役とし、福祉委員の選任に際しては、原則五〇世帯につき一人の割合で自治会長が民生委員と相談の上、あて職でなく個人を推薦し、市社協理事長が委嘱します。なお、委員の任期は三年で再任を妨げません。

実際の推薦に際しては、㈠できるだけ活動できる人、動いてくれる人、㈡半数は女性となるよう、㈢地域の民生委員と相談の上、㈣あくまでボランティアとして留意いただくようにお願いしました。

実際の活動にあたっては、民生委員と福祉委員との関係は対等としました。民生委員には二つの役割があります。一つは福祉ボランティアの役割です。二つ目の役割は法に基づき福祉行政に協力する役割です。福祉委員は福祉ボランティアという点では対等ですが、法的な手続きを要する場合は民生委員を紹介していただきます。

結果、市内全域で福祉委員として四四七名を委嘱しました。

これにより、二〇〇世帯の自治会の場合、これまでは民生委員一人で地域を担っていましたが、今後は五〇世帯に一人の配置としますので、四人の福祉委員と一人の民生委員の計五人が担うことになり、きめ細かい活動が期待できるようになりました。

(2)　市内全域に八つの町福祉推進委員会を創立

全市八つの連合自治会ごとに、町（校区）福祉推進委員会を創設しました。これは、民生委員、福祉委員と町内の各種団体が連携して地域内の福祉活動を行う組織をつくることを目的に、町ごとの自治会、民生委員、福祉委員、婦人会、老人会等各種団体の各代表者で組織しました。

３　地域総合援護システムの基礎づくり

⑴　市内全域、一二五単位自治会ごとに福祉部会を組織

町福祉推進委員会の活動では、福祉の講演会等の行事が中心で、訪問活動や助け合い活動の日常的な活動が盛んになりませんでした。町福祉推進委員会では、大きすぎる、もっときめ細かい活動ができる、住民に近い組織が必要と感じました。そこで、単位自治会ごとに、自治会役員、民生委員、福祉委員で構成する、「小地域福祉部会」を設置しました。

そして、小地域福祉活動の意義や必要性を考え、当市に合った地域ケアシステムとして「地域総合援護システム」を関係機関に提案しました。

具体的には、㈠市内に一二五ある単位自治会ごとに小地域福祉部会を設置する。㈡小地域福祉部会を核に「福祉保健カード」により福祉ニーズを素早く把握する。㈢把握したニーズを「自助、公助、共助」に分類し、「共助」は、近所の助け合い活動「公助」は市社協の処遇検討会で各機関と連絡調整の上対応する、といった形態にしました。モデル的に三カ所の町を指定し、三年で市内全域に展開する計画としました。

この時、問題になったのが小地域福祉部会の規模でした。社協としては、五〇〇から六〇〇世

帯が適当と考えましたが、単位自治会が基礎単位のため、大きな自治会を分けたり、小さな自治会を組み合わせることはできないので、単位自治会ごとに小地域福祉部会をつくることにしました。

しかし、実際に取り組んでみると、七世帯や二〇〇〇世帯の規模の単位自治会があり、小地域福祉部会の規模の適正化については課題が残りましたが、三年がかりで市内全域に一二五の部会ができました。

(2) 福祉ニーズ調査で学んだもの

福祉ニーズ調査を行って二年目に、ある小地域福祉部会の福祉委員から、「ひとり暮らしや寝たきりの高齢者宅を訪問したら『昨年も困っていることを話したが、何も変わらない。話しても無駄や』と言われる。何か対応してくれないと毎年の訪問は気が重い」との意見が出されましたが、同じような意見は他の地区でも多く聞かれるようになりました。

そこで、これまでの「把握のための一方通行のニーズ調査」を改め、困っている内容が行政等の施策で対応可能であれば、窓口の紹介を。小地域で助け合える内容であれば、それを早期に具体化するなど、「キャッチされたニーズに回答を返せる」訪問調査が求められていると気付きました。すぐに対応できない場合には、「社協から市に、こんなニーズがあると伝えております」

と、必ず回答を添えるように改めました。ニーズ調査を担う福祉委員からは、二度目の訪問に行き易くなったとの反応が返ってきました。「一方通行でない。回答を返すニーズ調査」の大切さを再確認することができました。

(3)　地域福祉リーダー養成講座

次に力を注いだのが、「地域リーダー養成講座」です。月一回、一三時三〇分からの二時間、六回の受講が必須です。対象は、各町福祉推進委員会から推薦のあった一〇名と委員長を加えた一一名、八地区ですから総勢八八名の定員です。内容は、なぜ小地域福祉活動は必要か。福祉委員は、何をしたらよいのか等です。リーダーにもきちんと理解していただく機会です。役員交代も多いので、新しい役員の学習の機会にもなっています。

地域のリーダーに、小地域福祉活動の必要性を理解してもらうことは重要であると感じます。地域リーダー養成講座の資料は「ふくしのまちづくりハンドブック」として整理した資料を福祉委員の全員に配布して活用しています。

活動が盛んになると、活動費も不足します。そこで、厚生労働省のボラントピア事業の助成金を活用し、町福祉推進委員会活動メニュー助成事業（基礎メニュー、重点メニュー）」をつくりました

4　小地域福祉活動の支援体制強化

支援体制の強化については、旧来の町福祉委員会連絡会を、社協の特別委員会の「地域福祉推進委員会」に改組し、委員長には市社協の副理事長を充てました。

さらに、市社協の役員推薦区分について、理事四名、評議員四名は町福祉推進委員会からの推薦とし、小地域福祉活動の現場の意見が直接反映されるように改めました。

また、小地域福祉活動の財源には、社協の住民会費の四割を活動助成金として地域に交付するなど、資金面でもその活動を支えられるように強化しました。

「社協地域活動計画」を策定する際には、関係機関、住民、行政の参画を促し、福祉ニーズ調査の結果も踏まえた合意形成を図り、「社協地域福祉活動計画」が「市保健福祉計画」に反映されるよう働きかけています。

小地域福祉活動を通して、社協活動が住民にとってより身近に見えるようになったことが、社協会員の拡大や会費制の定着にも反映するようになりました。「社協は、何をやっているのかわからない組織」から、ひとり暮らし高齢者の会食会等、「社協は、福祉のまちづくりを担っている団体」と理解されるようになりました。

5　社協らしさを生かした小地域福祉活動とは

「社協らしさを生かした小地域福祉活動」について、この間試行錯誤ではありますが、取組んできました。

私の恩師である故澤田清方氏は「社協の推進する小地域福祉は、㊀住民がただの参加ではなく、自己決定をおこなう主体者の位置づけがある、㊁地域の住民が助け合う、地域を高める土壌づくりの働きがある。㊂住民の願い、思い、ニーズを制度化し、政策化させていくルートづくりの働きがある。㊃当事者の参加があり、哀れみや同情ではなく、共感を得る場づくりの働きがある。㊄要援護者の問題を地域住民の共通の課題まで高め、より使いやすい生きた制度や施策にしていく働きがある。」[1]と、そのポイントをまとめておられます。実践に際しては、この要点を常に意識し取組みましたが、振り返ってみると残された課題もいくつか散見されます。

おわりに

市内全域に福祉委員を配置し、町福祉推進委員会に小地域福祉部会を基礎単位とする地域組織化の一二年間にわたる取組みをまとめてみました。順調な歩みではありません。進んだと思った地域が自治会役員の交代でスタートラインに戻ってみたり、モデルとして指定し進めた活動が指定終了と同時に終息する等、様々なアクシデントもありました。その都度、知恵を絞り仲間と相談しながら「目標は、決してぶれない。これだけは必ず進める」との固い意志を持続させることは大変でもありました。

社協活動を通して、「地域の福祉力を高めるための住民の主体形成」の大切さを痛感しました。中でも、住民の主体形成において最も重要であると感じたのは、小地域福祉活動です。住民が、自分たちの地域の状況を知り、課題を整理し、自助、共助、公助等自分たちができることを考え、協力しあって、自分たちの地域を福祉のまちを築く、「住民自らが築く福祉」です。その住民を支え続けることが社協の大きな役割であると思います。

ある小地域福祉部会の会長が、「網嶋君、小地域の活動は、最初は、社協に言われたからやっていたが、今は違う。私もまもなく高齢になる。私たちの将来のために福祉のまちにしていきたいと思っている。サロンも、将来の自分たちの居場所づくり、地域づくりと思ってやっている。これからも、頼りにしているからな」。会議の合間の休憩時、私を呼んでおっしゃいました。それは、私が目標としていた「住民自らが築く福祉」に向けて住民自らの「気概」を感じとった瞬間でもありました。

注

（1）『小地福祉活動』澤田清方著　ミネルヴァ書房

【参考文献】

「地域福祉研究No.二〇」日本生命済生会福祉事業部発行
「地域福祉活動研究第十二号」兵庫県社会福祉協議会発行

8　兵庫県社協の情報戦略活動

元兵庫県社協社会福祉
情報センター所長
明　路　咲　子

兵庫県社会福祉協議会（以下県社協）は全国都道府県社協のなかでもいち早く情報に着目して活動してきました。活動の柱の一つに「情報の収集・提供」を表明し実践してきたのですが、私の三〇年におよぶ県社協勤務においてはこの「情報の収集・提供」に関わる仕事が多くを占めています。したがって、本章では県社協の情報活動（戦略）について述べたいと思います。

1　社会福祉情報センターの存在

社協の機能が情報を核として成り立っていることは明白です。その点を重視した兵庫県社協は、全国に先駆けて具体的な情報発信の在り方について模索し取組みを進めました。

地域社協活動を支援する部、施設活動や運営を支援する部、ボランティア活動支援の部、権利擁護等々とともに社会福祉情報センター（前身は調査広報部）が独立したセクションとして存在していました。どの部の仕事も情報と密接な関係をもって動いていましたが、私の仕事は主に社会福祉情報センターで社会福祉情報を収集・提供することでした。

一九六七年（昭和四二年）、社会福祉情報センターの前身である調査広報部に社会福祉資料室が設置されました。社会福祉関係の図書・資料の整備は一九五五年（昭和三〇年）代末から県内関係者の間で要望が高まりつつあったのですがその思いが結実したと言えます。スタート当初は図書五〇〇〇冊、資料一万点であった蔵書も、情報センターが廃止された二〇〇〇年（平成一二年）には図書・資料合わせて五三〇〇〇点を所蔵していました。

このような資料室の設置は、図書や資料の整備、関わる職員の配置など予算的に大きな負担を課す事業でした。司書資格を持つ職員を採用するという英断は、県社協がやらなくてどこがやるのかの意気込みだったと思います。蔵書資料は、戦前の社会事業に関する資料や社協設立に関わる資料、研究報告書、調査報告書、業務説明書、雑誌・機関紙など、こつこつ蓄えてきた知的財産でした。もちろん県社協の情報センター・資料室の存在意義に大きな評価をもって認めていた県内の法人からの貴重な寄贈もたくさんありました。また、県内のみならず全国の社協や福祉団体、研究機関などから発行される資料や図書は積極的に寄贈依頼をして収集しました。このように図書や資料を収集し、整理管理し、その活用方法を考えること、それが県社協にいて私が多くの時間を関わった、苦しくもあり喜びも味わった仕事です。

学生時代は社会福祉を学んでこなかったため、手探りで整理方法を考え工夫をし、なんとかこの貴重な財産を役立てることができないかと考えていました。社会福祉の専門資料を分類し、整理することは当然ながら専門的な知識、知見を必要としましたから、専門外から入った私には苦労の連続でした。情報の内容はパズルと言っては変ですがカオスのように種々雑多で混在していて、しかも貴重な資料は古くて紙が変色し、四隅がボロボロに破れたり、表紙がはずれていたりと扱いが大変難しいものでした。また、資料のボリュームは一枚ものから何百ページにもおよぶものや、形体もばらばらであり、福祉、社会保障、社会問題、医療、保健、心理、教育など幅広い内容が集まっていたのです。これらの資料は未整理のまま無造作に積み上げられ、一から手を付け整理していく作業はおもしろくもありました。

「日本十進分類法」を整理の基本としながらも、より専門的に踏み込んだ内容の資料については「日本十進分類法」では対応できず、兵庫県社協独自の分類規定を作って整理をしました。当時では、社会福祉に関する図書や資料がこんなに揃っているところは少なく、学生や研究者、行政などから古い資料の問い合わせや利用が目立ちました。整理した資料や図書が活用されることは大きな喜びでした。

また、機関紙「ひょうごの福祉」の発行、調査活動、社会福祉夏季大学、福祉関係書籍の発行など情報センターの多様な担当業務にも関わったことは言うまでもありません。

しかし、それが私の主たる仕事とは言え、社協としてはこのこと（情報センター業務）だけに司書としての職員一人を張り付けることは到底できないことです。資料整理やその活用方法を考えることに専念したいという私の思いとは裏腹に、組織に所属する者として当然の他部署への異動がありました。地域福祉、研修、人材センター、権利擁護事業などの仕事に従事しましたが、多様な部署を経験したことによって結果的に多くのことを学ぶことができたと思っています。

平成一二年度、残念なことに情報センターは廃止されました。資料室は残っているとは言え、県社協が積み上げ蓄積してきた財産は、その存在と価値を一般に知られることがない事態となっています。県社協が全国に先駆けて開設し、運営してきた、情報センターの名前が消え、姿を消したことは無念の一言に尽きます。

社協の情報活動の全国的な動きを見てみると、兵庫県社協と前後して神奈川県社協が資料室を開設し、その後東京都社協、北海道社協、岡山県社協などにも設置されましたが全国的な動きにはなりませんでした。全社協でも一時期、社会福祉情報活動の意義や整備等について委員会や研修会を開くなどしましたが大きな成果を見ることはできませんでした。

情報を収集したり発信することは、〇地道な仕事であること、にもかかわらず〇経費が掛かること、そして〇今日のように高度な情報のデジタル化が進んでいなかったことなどが拡がりを見なかった理由であったと思われます。そして社会福祉基礎構造改革という大きな動きのなか、社会福祉法には情報提供の必要性が明記されましたが、その具体化は私が思い描く情報の収集発信とは少し趣きの違うものでした。

2　阪神・淡路大震災時の情報活動

一九九五年（平成七年）一月一七日誰もが経験したことのないあの大震災が起きました。社協の職員も大なり小なり震災の被害を受けました。一方、当然のことながら被災した県社協も市町社協も（社会福祉関係者は）あの混乱の中で、緊急に救援活動に着手する使命をおびていました。以後、救援、復旧、復興活動に長く取組むことになったのです。

一月二〇日県社協では、交通機関が遮断された状況下でしたがあらゆる手段を使って出勤するよう通知があり、私も芦屋で避難していた小学校から歩くことが可能な道を探しながら歩きました。どこもかしこもビルや民家が倒壊し無残な見知らぬ風景に変わっていました。道端ではおにぎりや飲み物など食料も配られていましたが、早くたどり着かなくてはと焦る気持ちから横目で見ながら通過しました。国道２号線の途中で、歩き疲れ気持ちも落ち込んできた時に見知らぬバイクに乗った青年に声をかけられました。御影公会堂の前から青年のバイクに乗せてもらって福祉センターにたどりつけたのです。

倒壊をまぬがれたものの県福祉センターも被害は大きく、この日から壊れたり倒れたり散乱した建物や備品の片づけが始まり、事務局を開設し県福祉センターを福祉の拠点として救援活動、復旧、復興に向けて活動を展開することになりました。

災害時における情報活動（情報の収集や発信）については、全く初めてのことであり手探りと戸惑いの状況下で次のような活動に取り組みました。

①「兵庫県社協震災対策ニュース」の発行

県社協としてはこのような状況下でも、というより経験したことのないこのような錯乱、混乱状況のもとでこそ情報が求められている、そしてそれらの情報を発信することは県社協の使命だと焦りにも近い気持ちだったたと思います。

震災から一週間、社会福祉関係を主とした震災被害の状況や救援活動の様子を伝えたのが「兵庫県社協震災対策ニュース」です。

県社協も事務局の建物（福祉センター）の被害は大きく、被災した職員も多い中、二〇日には職員全員に出勤指示が出され、出勤した三〇人ほどの職員で散乱している事務局を手がつけられるところから片付けていきました。そして一月二五日混乱する状況の中、情報発信の態勢も整わないまま、また、肝心の正確な必要情報を入手できない中、被害状況を伝える第一号を発行しました。その後、被災地で進む支援活動メニューやボランティア活動情報の発信は三月まで（五四号）続きました。

② 「アシスト」

「アシスト」は県内社協による救援活動をより詳しく伝えるため、「震災対策ニュース」の号外として発行されたものです。

目的は、救援活動に奮闘する被災地社協の姿を伝えるとともに、支援活動の意識の共有化と拡大にありました。若手職員プロジェクトチームによって進められました。混乱が続く被災地を歩き、動き、まさに足で稼いだ情報を日々発信していきましたが、これこそ県社協情報活動のあるべき姿のひとつだったと考えます。

○発生後一月、二月の混乱期、救援・復旧に向けた怒涛の時、○自立支援・復興に向けた焦燥の時期、○避難所の閉鎖、仮設住宅での暮らしの再建に展開していく時期と「アシスト」はそれぞれの時にそれぞれの活動実態を伝えています。

かつて経験したことのない大きな災害による混乱、錯乱状態のなかで、刻々と動く地域の実態、動態、活動状況を把握しリアルタイムで発信していくことは、関わった若手のワーカーにとっても難解な仕事でした。アシストは「社会福祉復興本部ニュース」に引き継がれ、貴重なコミュニティワークの記録となりました。

今は市民（住民）自身が緊急時の情報を発信できる時代です。地震や水害など自然災害の現場にいる被災者が、レアな情報をいち早くマスコミに提供しています。多様な通信システムが発達し住民に身近なものになったからでしょう。

しかし、救援、支援の在り方、支援の実態、現状を断片的にではなく、支援の断片的な情報を総合的にまとめ全体像を見える形にして、反省、総括し教訓を引き出し今後の道筋を示すことが社協に課せられた責務です。アシストは日々の被災地の救援・支援情報の記録であり努力の結晶でした。その後の貴重な指針となり評価を得ることができました。貴重な役割の一端を担ったのです。

災害時に情報をいかに把握し、流していくか、システム化していくかが問われ、残された課題ともなりました。

③「大震災と社協」

「震災の記録」を遺す話が具体化し始めたのは、震災から一〇か月が経った頃でした。それまでにもさまざまな震災の救援活動や復興活動の記録は刊行されていましたが、県社協や福祉関係者がこのような不測の事態にどう対処し、どのような復興の道順を辿ったのか、どんな成果と課題をもたらしたのかなど、震災後一年を前にその活動をさまざまな側面から振り返り総括することが必要だと考えました。その記録が「大震災と社協」です。

被災の事実、救援・復興への取組みの実態や課題、活動の反省点や得られた教訓、今後の自然災害時への提言などについてまとめることにしました。

当時の塚口事務局長の手帳に時系列に記された克明な記録がこの書籍のスタートとなりました。そして、執筆は県社協職員が担当するとともに、施設関係者、各種団体、ボランティアなどの協力も得て進めることができました。

社協の活動に視点をおいた読みやすい記録にするという基本的なスタンスは、出版制作にあたった神戸新聞出版センターの協力があって、その目標は達成されたと思います。従来の県社協の出版物とは違うものになりました。ビジュアル的にも写真や図表などを多用してレイアウトも読みやすい形に工夫されています。

この書籍は、震災後被災地兵庫を応援し支えてくださった全国の多くの方々への感謝の気持ちをこめた一年の軌跡を記録したものになりました。

私は当時は福祉人材センターに所属していましたが、この出版をコーディネートすることになり、神戸新聞出版センターの方々に助けられながら進めていきました。

書籍の構成は以下のとおりであり、県社協の活動だけでなく市町社協、県外社協、全社協、施設連盟やボランティアの活動など、救援、復興に向けて関わった多くの団体の活動記録となっています。

全三一九ページの構成は次のとおり

一．第一章から第八章まで県社協職員が執筆

一章　プロローグ　二章　仮事務所の設置から事務局の開設まで　三章　全国支援始まる　四章　兵庫県社会福祉協議会を軸とした活動　五章　阪神・淡路大震災社会福祉復興本部の設置とその活動　六章　社協をめぐる諸問題　七章　まとめと提言　八章　この一年を振り返って

二．二回の座談会

①　県外社協からの支援活動で何を学んだか　②　緊急体制から復興へ向けて

三．阪神・淡路大震災の救援・復興に関わって（社協、施設、ボランティア関係者）

四．災害救援活動シミュレーション（兵庫県社会福祉協議会　社会福祉救援本部マニュアル）

五．資料編

３　社会福祉法以降の情報戦略

前述したように社会福祉基礎構造改革は、利用者の立場から情報の重要性を指摘しました。つ

まり、社会福祉法第七五条は利用者の適切な福祉サービス利用を促進するために、社会福祉事業者には適切な情報提供を行うように、また国、地方公共団体には必要な情報を容易に得られるような措置を講ずるよう求めています。情報の提供が法に明記されたことは画期的でした。しかし、その実態、現状はどうなのか、福祉サービス利用者は情報を享受することによって、自身にとって最適なサービスを自身で決定できているのかという疑念、法がねらいとするものと乖離しているのではないか、それ以前（情報以前）の問題を抱えているのではないかと思えてなりません。福祉サービスの量や質が整ってこその情報であり、選択、自己決定にとって必要な情報の提供ではないかと思うのです。

県社協はこの時代の情報戦略として何をどのように提起していくのでしょうか。

【参考文献】

「社会福祉六法」二〇一七　ミネルヴァ書房

「社会福証の解説」中央法規

「地域福祉の歩み（三）」兵庫県社会福祉協議会

「地域福祉の歩み（四）」兵庫県社会福祉協議会

「大震災と社協」兵庫県社会福祉協議会

「Assist 被災地社協応援ニュースの記録」兵庫県社会福祉協議会

９　幻の「兵庫ボランティア憲章」

元兵庫県社協事務局長
塚口伍喜夫

１　ボランティア活動萌芽の下地

兵庫県社協は都道府県社協の中でもボランティア活動にいち早く取り組んだといえます。それには、幾つかの下地がありました。

その一つは、朝倉斯道初代会長が、社協創立当初から活動の柱として「子ども会の結成とその育成」「老人クラブの育成」などを掲げ、それらの結成や育成は地域の篤志家（今日でいう「ボランティア」）に委ね、そのための指導者として篤志家を育てようと努力されたことです。この研修会が、後の「集団指導者研修会」として定着し、一九六五～一九七五年（昭和四〇年代）初頭まで長く継続されました。

その二つは、徳島県、大分県に次いで兵庫県社協でも県と共同推進の形で善意銀行が設立されました（一九六三年・昭和三八年四月）。

加えて、兵庫県は、金井知事が一九六四年（昭和三九年）、年頭の「県政の構想」の中で、六月一日を「善意の日」とすることを発表しました。この善意の日の制定には、朝倉県社協会長の意向が反映されたものであったと思われます。

同年六月一日には神戸王子動物園の野外劇場で「善意の日制定記念『善意の集い』」を開催し、社会福祉展とバザーを大々的に打ち出しました。この社会福祉展は、社会保障や社会福祉の未熟な現状を明らかにする意図もありました。また、バザーは、その後県社協の名物行事の一つとなり県社協所在地周辺の住民から待望されたものでした。

2　ボランティア活動育成への本格的な取組

県社協では、上記のような下地の中から生まれてきつつあったボランティアの芽を大きく育てようと新たな試みを始めました。先ず、ボランティアは「社会福祉への住民参加の主要な形態の一つ」と位置付けたことです。一九五五年～一九六四年（昭和三〇年代）後半から一九六五年～一九七四年（昭和四〇年代）前半にかけて、「ボランティアは、国家責任である社会保障・社会福祉の貧弱性を免罪し、国家責任の肩代わりをするものに他ならない」とする批判意見も「革新」政党支持者、労組関係者に根強くあったことも事実です。

ボランティア育成支援の一つが、県内（主として神戸・阪神間）ボランティアグループの結集体であるボランティア協会兵庫ビューローの結成（一九六七年・昭和四二年九月）支援でありました。

県社協では、一九六七年（昭和四二年）一一月、宝塚市中山寺においてボランティア協会大阪ビューローの協力を得て第一回ボランティア入門講座を開催しました。

こうした経過をたどりながら、一九七〇年（昭和四五年）、県社協はボランティア活動育成・推進のヘッドクオーターである兵庫県ボランティアセンターを開設したのです。

ボランティアセンター開設と歩調を合わせるように、県内高校生ボランティアの集い（一九六九年・昭和四四年一月）を開催するなどしました。

また、県内の社協でもボランティア育成活動が活発化してきました。例えば、三木市社協では主婦層を対象としたボランティア講座を開きその組織化を図りました。兵庫県内のこうした動きに注目した兵庫県は、一九七三年（昭和四八年）度には、播磨地域（姫路市）、阪神地域（西宮市）にボランティアセンターを設置するための補助金を予算化しました。

3　兵庫ボランティア憲章制定への動き

ボランティア活動の多様化が進み、ボランティア活動への参加層も増えてきたことに鑑み、特に、社会福祉分野におけるボランティア活動に、その意義付けを行い、活動の目標を提示するのも必要な時期に来ているのではないかと判断した県社協は、ボランティア憲章を検討してみようということになりました（昭和五〇年度初頭）。この憲章制定は、兵庫県がいかほどかの予算化をしてくれたと記憶しています。

県社協では早速「起草小委員会」を設け、その委員に次の諸氏（敬称略）を委嘱しました。

小田　兼三（聖和女子大学助教授）
井岡　　勉（同志社大学助教授）
浮田　　伸（ボランティア協会兵庫ビューロー委員長）
速水順一郎（ボランティア協会兵庫ビューロー副委員長）
水谷　秀一（ボランティア協会兵庫ビューロー副委員長）
野崎　陸夫（兵庫県社会福祉協議会主事）

とりわけ、野崎主事は県社協を代表し、社協が目指す目標、ボランティア協会兵庫ビューローの考え、学識者の意向などを巧みに調整し、その役割を果たしました。
以下、憲章試案の全文を紹介します。

兵庫ボランティア憲章（試案）

《前文》

社会福祉の充実強化は、兵庫県民一人ひとりにとってくらしの保障にかかわる切実な願いであり、われわれは心を尽くし力を合わせて、その実現に向かって常に邁進しなければならない。また、誰もが生きる幸せを享受することのできる福祉社会、明るく住みよい地域社会をきずくためには、社会福祉のための施策が充実されるとともに、広く県民のすべてがボランティアであるという自覚と誇りをもって、それを促し前進させる担い手となることが何よりも大切であると信ずる。しかも、このようなボランティア精神の具体的な発露である社会福祉のためのボランティア活動が、すでに県下各地ではばひろく展開されていることは、実に大きな力であり励ましである。そこで、社会福祉の一層の進展を切望し、そのために、ボランティア活動の輪がさらに大きくひろがり、かつボランティア活動が正しく発展することにより社会福祉の民主的基盤が確立されることを願って、われわれはここに「兵庫ボランティア憲章（試案）」を提唱する。

　平和を愛し、民主的精神にもとづき、人間としての基本的人権が尊重されなければならないという理念のもとで、この憲章が兵庫県下の多くの人々にいつくしまれ、その内容がボランティア活動の実践の中から深められてゆくことを、心から要請する。

《本文》

一．ボランティア活動は、人間どうしの友愛、尊敬、信頼という思想のもとでなされる。

二．ボランティア活動は、社会的栄誉や個人的恩恵を求めてなされるものではない。むしろ、日常生活におけるごく自然な行動としてなされるものであり、ボランティア活動をなすことが、ひいては自分たちもその一員である社会の福祉を守り、高めることに通じるという素直な信念によってなされる。

三．ボランティア活動の原則である自主性、主体性は十分に尊重されなければならない。

四．ボランティア活動は、社会福祉の先駆的、開拓的な在り方を志向してなされる。

五．ボランティア活動は、その活動を通じて常に社会福祉について謙虚に学ぶ態度を保持し、何が求められているかということを正しく受けとめ、実行する努力をおしむものであってはならない。

六．ボランティア活動は、問題をともに担いつつ学び、かつ、育ちあう社会的連帯活動であり、その輪を広げ、ボランティア同士の連帯性を強めるという方向でなされる。

七．ボランティア活動は、広く社会に向かって社会福祉に関する問題提起をなし、世論を喚起するという社会的役割を持っている。

八．ボランティア活動は、社会福祉機関、施設、病院などあらゆる種類の社会施設、および活動の場としての地域社会において、正しく理解され、温かい愛情をもって受け入れられることが望まれる。

《綱領》

ボランティアは、ボランティア憲章（試案）に示される精神を正しく受けとめ、次の綱領に示される行動指針に沿って活動する。

一．ボランティアは、人間尊重の精神と良心の命ずるところに従い、主体的、創造的に活動する。

二．ボランティアは、活動の場における責任を自覚し、約束を守り、誠意をもって活動する。

三．ボランティアは、社会福祉機関、施設、病院その他あらゆる活動の場で定められている規則、方針を遵守する。

四．ボランティアは、活動の場における種々の人間関係を重視し、相互理解の精神によって交わりを深める。

五．ボランティアは、その活動の過程で明らかになった社会福祉の課題を解決し、或いは、改善するという社会的役割を持っていることを念頭におき、そのための労力をおしまない。

六．ボランティアは、社会的道義の立場から、活動を通して知りえた秘密を他に漏らさない。

七．ボランティアは、その活動に対する報酬を受理しない。

八．ボランティアは、その活動の社会的役割に照らして、絶えず自己を鍛錬し、より優れた活動をなすよう積極的に努める。

４　ボランティア憲章（試案）への評価

この憲章（試案）は、様々なボランティア関係の集会や、研修会の参加者などに配布し意見を聴取することに努めました。この起草小委員会委員でもあった野崎陸夫君は、率先してその普及に努めました。

だが結局は、憲章から試案を取り、正式な憲章として日の目を見なかったことは私個人としても大変残念な思いをしたものでした。

ここでは、試案が取れなかった原因とこの憲章試案の評価について私なりの思いを披瀝してみたいと思います。

●なぜ、試案が取れなかったか

この憲章試案の、非常に斬新的で革新的な臭いが保守的な方々には気に入らなかったのではないかと、特に、この憲章の策定を後押しされた兵庫県知事を満足させるものではなかったのではないかと推測します。

なぜなら、当時の民生部担当者は、知事のその意向を忖度したのか、首を縦に振りませんでした。

併せて、ボランティアグループの中には、この憲章は自由闊達なボランティア活動にタガをはめることになり賛成できない、とする意見も少数派ではあったが根強くありました。

●高い評価もあった

この憲章（試案）については、多くのボランティアないしはボランティアグループから社会福祉分野におけるボランティア活動に明確な理念を添えてくれた。活動目標が見えてきた。また、活動を実践する上でよい規範が示されたなど賛成・支持グループも多くあり、どちらかというと、賛同・支持派が過半数を占めていた感はありました。

その一方で、ボランティア活動は多様化しつつあり、特に、個人支援のボランティア活動は、受ける側も実費弁消費くらいは負担したい、とか、ボランティアの側でも交通費くらいは相手に負担してもらいたいとかの意見もあり、有償ボランティアの存在も認めたらよいのではないか、などの意見も出ていた時期でもあったのです。

こうした状況を踏まえて、県社協では、この試案の論議をさらに広く、深く進めていこうということにしたと記憶しています。

●再び、ボランティア憲章の論議を

この問題を取り上げたのには、今日、ボランティア活動が災害ボランティア活動などを契機に多くの国民の中に普遍化してきていると思います。その一方では、社会福祉の国家責任や地方自治体の責任がますます希薄化してきていると感じます。そういう状況下でのボランティア活動には、このボランティア憲章（試案）で提起した中身の検証が一層必要になってきているのではないかと考えるからです。

【参考文献】

「地域福祉の歩み」Ⅱ／一九九一．六／兵庫県社会福祉協議会

【引用文献】

「ボランティア憲章（試案）」／一九七五．六／兵庫県社会福祉協議会

10　兵庫県社協における「知的環境」と「調査活動」の取組み

元兵庫県社協社会福祉
情報センター所長
野　上　文　夫

その一　知的環境を充実させる取組み

はじめに

私は、一九五八年（昭和三三年）に兵庫県社会福祉協議会（以下「県社協」）に採用されました。当時、県社協は五周年を迎えてその強化方策を打ち出したところでした。そのため、その一環として、まず、事務局の強化を図ることになりました。常務理事・事務局長に関外余男さん（元知事・神戸市助役）を据え、その下に若い職員二人（私と塚口伍喜夫さん）を採用、初めての大学卒採用でした。

当時の県社協会長は、朝倉斯道さん（元神戸新聞社長・会長）でしたし、前事務局長の小田直蔵さんは参与として残られました。少し遅れて湯川台平さんが社会福祉部長として就任されました。その後、一九六三年（昭和三八年）に、国の制度化により、県社協に「福祉活動指導員」が配置されました。指導員には、私と塚口伍喜夫、八木新緑、澤田清方、篠崎紀夫の五名が指名されました。

以上のようにかなり知的水準の高い役職員の態勢が整い、実践的にも豊かな知的環境を整えていく基盤が形成されたように思います。このような態勢となった兵庫県社協は、次々と新たな活動展開を打ち出し、全国的にも注目される存在となっていきました。そのいくつかを取り上げてみます。

社会福祉夏季大学

第一は、一九六一年（昭和三六年）から始めた「社会福祉夏季大学」です。第一回は城崎温泉で朝日新聞厚生事業団と共催、第二回目からは宝塚市において県社協単独で開催するようになりました。当初は兵庫県下を中心に、次第に近畿全域を対象に社会福祉従事者に参加を呼びかけていきました。その後、さらに全国的な社会福祉夏季大学へと発展し、「夏の風物詩」と言われるほど有名な事業へと充実し、全国社会福祉協議会の役割ではと言われるまでになり、全国的な知的集団を動員して、その内容を高めていきました。

全国的な夏季大学の位置付けになってきますとその責任は重く、県社協の知的水準や能力も問われてきます。担当者は年間を通して次のような準備をしました。

一つは、福祉系大学の先生たちのリスト作成です。専門は何か、講義内容は、評判は、などの情報を集めると共に、各都道府県社協の講師の情報や評価なども収集しました。

二つ目は、全社協発行の雑誌や研究誌などの論文等のリストアップです。もちろん、大学の研究誌も集めました。

その他、新聞、雑誌やテレビ、ラジオなどの一般評論などの情報も書き留めました。こうした情報から抽出した二〇名くらいの講師陣を三日間の講座やシンポジウムに当てはめて開催しました。ですので、かなり知的水準の高い、その都度、社会福祉の最先端をゆく夏季大学になったと思います。

社会福祉資料室の開設

第二は、一九六七年（昭和四二年）四月に開設した全国で初めての「社会福祉資料室」です。兵庫県社会事業会館は二階建てで各市町村職員や社協職員の宿泊施設も用意しており、会議室のニーズも高かったのですが、大英断をしてその一つを資料室としました。それを運営するには図書館司書も必要とし、新しい分野の知的人材が加わりました。

社会福祉資料室の設置は、県社協の知的環境を高め充実する根幹をなすものとなりました。最新の福祉関係図書や研究誌、外国語関係論文などが整備されました。当然、県下市町村社協等の資料も集積しましたし、全国都道府県社協の資料も徐々に集めていきました。

県社協に問い合わせをすれば、各種の最新情報や資料などが提供されるということで、信頼を得ることにもつながったと思います。知的環境を高めたことが県社協の存在感、信頼感を得る大きな要件となったと言えます。

各種研究委員会の発足

一九六一年（昭和三六年）は、県社協一〇周年の記念すべき年でした。県社協は将来を展望するため「社会福祉研究委員会」を発足させました。その成果として、社会福祉施設職員長期研修会（六日間、定員八〇名）、施設の近代化を図るための「施設研究委員会」の常設。施設界の要望が実現し、全国で初めて「兵庫県立社会福祉研修所」が設立されました。

ここでは、福祉行政に関わる職員、福祉施設職員を対象に体系的・計画的な研修計画が作成され、総合的な体系のもとで研修が実施されることになりました。いわば、民間も行政も研修を通して、より高い知的環境を整備する条件が整っていったのです。

このように基礎的な研修体制は整ってきたのですが、県社協が積み上げてきたこれまでの各種施設職員研修や研究会、各種業種別連盟が関係する実践的研修や研究会は引き続き開催されていきました。これらが両方相まって、大変低かったと言われる知的水準をかなりのレベルに高めていくことができたと言えます。また、このことが県社協の役割でもあったと思います。

その二「調査活動なくして社協活動なし」

兵庫県社協が最重要視したのが「調査活動」でした。市町村社協には絶えず「調査なくして社協活動なし」と呼びかけました。当然、社協の事業計画にも重点事業として「調査項目」を揚げてきました。その一例が「農村婦人生活実態調査」です。その中でも特に注目をあびたのは美方町（現香美町）の婦人調査でした。

兵庫県下の農山村地域では、当時、男性は都市部へ出稼ぎに行き、女性が農作業を中心に担っていました。県社協ではこの婦人たちの生活実態を「美方町のお母さんたち──農村婦人生活実態調査報告書──」にまとめて発表しました。

これが神戸新聞但馬版に「報告の概要」として取り上げられました。ちょうど北但地方の豪雪・死亡事故とも重なり、過疎の出稼ぎ地域の悲惨さが注目を集めました。新聞は、この農村婦人の生活の問題点として次の諸点を指摘しました。

㈠　健康の問題　㊀多い婦人の献血不適格者　㊁六割以上が農夫（婦）症・要注意　㊂多い高

血圧症　㈣未熟児出産・中絶増嵩　など農村婦人の体は破壊されつつあったのです。

これを地元神戸新聞が取り上げ「胸痛む美方町報告－知事も是非読んで下さい－」のタイトルで掲載しました。知事も「胸痛む」とコメントし、議会も対策を取り上げ、県独自で対策の予算化が進みました。

その後、兵庫県は農村地域の総合的な母子保健の調査を実施し、その対策と独自の予算をつけました。こうした動きは東北各県にも広がり、さらに国は一九七〇年（昭和四五年）に「過疎地域対策緊急措置法」を制定しました。

私たち県社協が実施した一つの調査が大きな広がりと発展をみせた一例です。

第3章

今日的課題に挑む

11　神戸の在宅福祉活動 ―ひとりぐらし老人を中心に―

元神戸市社協在宅
福祉センター所長
龍　本　節　子

1　就職した頃の神戸市社会福祉協議会

私が就職した一九六五年（昭和四〇年）の神戸市社会福祉協議会の事務局は、兵庫県庁の西北にある生田区役所（現兵庫県神戸総合庁舎）の六階フロアーの神戸市社会福祉会館の一角にありました。この神戸市社会福祉会館は一九六四年（昭和三九年）二月一日に竣工しています（それ以前の神戸市社協は神戸市役所の民生局保護課の一角にありました）。当時の事務局長は民生局長の兼務で、市から派遣された専任課長兼事務局次長の下に市派遣職員三名と専任職員七名、他に無料低額宿泊所の磯上荘の運営に所長以下五名という職員体制でした。

ところで、一九五一年（昭和二六年）制定の旧社会福祉事業法（現社会福祉法）に社会福祉協議会（社協）が明記されて以降、都道府県や市町村の社協が順次設立されてきましたが、その組織や活動は住民には十分に知られていませんでした。そこで国は〝最近の社会経済情勢の著しい進展が地域における住民の福祉に極めて大きな影響を及ぼしている〟との現状認識の下、民間社会福祉活動推進の中核となる社協の活動強化を図るため、一九六三年（昭和三八年）度から全社協に企画指導員、都道府県社協に福祉活動指導員、一九六五年（昭和四〇年）度からは指定都市社協に福祉活動指導員、さらに一九六六年（昭和四一年）度には市町村社協に福祉活動専門員を国庫補助対象職員として配置し、職員体制の強化とともに日々の業務も拡充・強化していきました。

このような流れの中で神戸市社協は一九五一年（昭和二六）年六月に設立され、一九五五年（昭和三〇年）三月には社会福祉法人として認可されました。その後の主な動きとしては、一九五六年（昭和三一年）に民生・児童・援護・調査の四部会を設置（翌年に施設部会を加え五部会となる）、一九五七年（昭和三二年）には機関紙「市民の福祉」を発行、一九六〇年（昭和三五年）には保健福祉地区組織活動指定事業を全社協から受託、家庭奉仕員派遣事業および民間施設職員研修事業を神戸市から受託、一九六三年（昭和三八年）には善意銀行を創設するとともに社会奉仕活動（ボランティア活動と同義）を推進、一九六五年（昭和四〇年）には小地域福祉活動推進地区指定事業の開始、施設と地域の結びつきに関する調査の実施、民生委員児童委員活動の振興事業の開始など、どちらかというと神戸市や他団体からの委託や補助事業を主に展開してきました。

2　ひとりぐらし老人友愛訪問活動の開始

そのような中で、私がかかわった〝在宅福祉活動〟といえば、寝たきり老人入浴サービスや在宅福祉センターの運営等がありますが、一番印象に残っている取組みは〝ひとりぐらし老人友愛訪問活動〟です。私は事業の立ち上げから担当しました。

(1) 活動開始の背景

一九六五年(昭和四〇年)当時は高度経済成長の下で都市化が進行、農村では出稼ぎが多くなり、じいちゃん、ばあちゃん、母ちゃん（と子ども）が農業を担う〝三ちゃん農業〟の時代でした。

神戸市のような都市部では、人口の流入が激しく、若者は学校を卒業すると親元を離れ都市部で就職し、結婚すると世帯を構えるという核家族化が急速に進みました。両親もやがて年を重ね、どちらかが死亡すると「ひとりぐらし」になっていきました。さらに、都市部の地域社会では人の入れ替わりが激しく、家族の自助や、地域の助け合いの機能は低下し、新聞などマスコミでは〝ひとりぐらし老人の孤独死〟が日常茶飯事のように掲載されるようになりました。

こういった状況から、一九七〇年（昭和四五年)、神戸市社協は神戸市民生委員協議会と共に「ひとりぐらし老人実態調査」を全市的に取組みました。

調査の結果、二四二五人（六五歳以上七万九九〇〇人の三・〇％）のひとりぐらし老人が初めて判明しました。内訳は、男性四八一人（一九・八％)、女性一一四四人（八〇・二％）です。困っている事柄として、約半数が「洗濯に介助を要する」状態で、病気の時には介護人として「近所の子ども、孫、親戚、近隣の人」を頼りにせざるを得ない、といったことが浮かび上がりました。なお、本人や家族の希望では、「老齢福祉年金の増額」「年金受給資格制限の緩和」「老人の集まる場所の確保」が上がりました。

（2）〝ひとりぐらし老人友愛訪問〟の展開

この調査結果を踏まえて、一九七二年（昭和四七年）四月に神戸市および神戸市民生委員児童委員協議会が、民生委員法に基づく地区民生委員児童委員協議会（法定民児協）を実践活動の中核とした『ひとりぐらし老人友愛訪問活動』を開始することとなりました。しかし、区社協および市・区民生委員協議会への説明の時間を要したため、実際には同年九月から活動がスタートしています。

また、翌年の一九七三年（昭和四八年）から、友愛訪問活動の基礎となる六五歳以上の「ひとりぐらし老人調査票兼台帳」の整備に着手しましたが、民生委員の方々には、対象者の発見・健康状態の確認・家族状況・近隣関係・非常時の連絡先等の把握のため、相当なご苦労をおかけしました。

例えば、『ひとりぐらしのお宅を民生委員が訪問すると、近隣の方から「何かあったの?」とか「民生（生活保護）にかかっているのか?」といったことを尋ねられるので、訪ねてこないで欲しい』と訪問を拒否されることも多く、そんな時には『「姿を見かけたか」「雨戸が開いていたか」「新聞が取り込まれていたか」「夕刻になって明かりがついていたか」など外から見て元

表１　ひとりぐらし老人友愛訪問活動の内容
（件数はいずれも延べ件数）

年度	安否の確認	話し相手	相談	家事手伝	身辺介護他
50	8,217	2,874	290	182	112
53	197,719	66,754	5,704	2,926	2,336

気におられることを確認している』と人一倍ご苦労されている様子をたくさんの方からうかがいました。

また、担当地域のひとりぐらしのお年寄り全員の状況を民生委員一人で把握することは困難なため、見守り活動に協力する〝ひとりぐらし老人友愛訪問活動奉仕員〟を発掘することも、もう一つの役割です。そのため、近所の方や常日頃関りのある方が〝奉仕員〟となるなど、〝ひとりぐらしの方〟〝奉仕員〟双方の負担にならないような工夫や努力をしておられます。しかし、奉仕員が見つからない場合には、民生委員自らが奉仕員も担わざるを得ないケースもありました。（表1参照）

六年を経過して、友愛訪問活動の訪問回数はスタート時の三五倍に、奉仕員（民生委員を含む）は三〇倍へと、大きく増加しました。当時、一人の奉仕員にかかる負担が特定の方に片寄っているとの声もありましたが分析できていません。（表2参照）

表2　ひとりぐらし老人友愛訪問活動の推移（延人員・延回数）

年度	要訪問老人数（対象者数）	奉　仕　員			訪問回数
		民生委員	民間奉仕員	計	
47	2,641	667	個人 219	886	6,044
48	3,179	217	個人 731	948	7,485
53	76,905	12,411	個人 819 人・グループ 13,761	26,991	213,003

(3) より良い活動を求めて

私たちは、より良い活動を展開していただくために、先進地の視察や活動事例集の発行、奉仕員への研修会などに取組みました。先進地区の視察では、民生委員を対象に、滋賀県大津市晴嵐学区（一九七四年・昭和四九年度）と大阪市大正区鶴町（一九七五年・昭和五〇年度）の両地区を訪問し活動の経験交流や互いの活動意欲の高揚に努めました。

また三カ年に取組んだ地区民児協の活動のまとめ総括として〝地区民児協三カ年のまとめ〟を、各民生委員から提供された「友愛訪問の成功事例と上手くいかなかった事例」を『〝ひろがれ友愛の輪〟―友愛訪問活動の活動事例集―』にまとめ、関係先に配布するなど、取組みの充実・強化に努めました。

(4) グループの組織化と運営費助成

これまでの取組みによって事務局では、①ひとりぐらし老人の実態がかなり明らかになってきた。②一九六五年（昭和四〇年）から取組んできた小地域福祉活動が各地に定着し地域の福祉力が向上する中で、ボランティアの奉仕員の発見が容易になった。③一九七五年（昭和五〇年）七月のボランティア情報センターの開設に伴ってボランティア活動への理解が深まり、市民のボランティア活動への参加意欲が増した。等の成果を確認することができました。〝ひとりぐらし老人友愛訪問活動〃も、数年が経過し前述のような成果を踏まえ、新たな展開が求められようになりました。

一九七八年（昭和五三年）二月には、民生委員が中心になって、地域のボランティア五人程度で「友愛訪問グループ」を組織し、ひとりぐらし老人を週一回程度定期的に訪問し、安否の確認、話し相手、相談等の活動を行い、それに要する経費として運営費の助成を始めました。

一九九〇年（平成二年）には、訪問対象を夫婦とも高齢者や高齢者と児童の世帯「ひとりぐらし老人に準ずる世帯」などにも拡大、また、グループの結成条件も緩めたことで、対象者の増加に対応した見守り活動が展開できるようになりました。

二〇〇〇年（平成一二年）一二月末現在、神戸市全域のひとりぐらし老人で友愛訪問を必要とする者は一二七四四人で、訪問回数は一か月に三四九六五回を数えるようになり、この取組みに関わる友愛訪問グループは一一七六グループ、ボランティアは六一三九人に達しています。友愛訪問活動は質と量ともに地域に定着した取組みとなりました。

３　ひとりぐらし老人給食サービスとの連携

ひとりぐらし老人友愛訪問活動のグループ化が進む一方で、福祉施設の社会化や地区民児協が住民のまちづくり運動の一環として、ひとりぐらし老人にバランスの取れた食事を提供し、他の人ともふれあう機会を設けるために給食サービスを取組む地域が生まれてきました。食事の提供は月に一～二回の昼食または夕食ですが、会食や配食あるいはその併用、自家調理や業者調理またその併用によるものなど多様な方法によるものでした。友愛訪問活動に取組む各地域の地区民児協に加え、地域の福祉団体が給食サービス活動に取組んだことで、日頃自宅に閉じこもりがちな高齢者から大変喜ばれるようになりました。

この「ふれあい型の給食サービス」が広がり始めた昭和五四年、神戸市へ実施団体への助成を要求し予算化されました。市社協がその事業推進を担い、助成事業と併せて実施団体の研修なども行うようになりました。この「ふれあい型給食サービス」の全市的展開は、ひとりぐらし老人の状況や抱えている問題の早期の把握と解決に大いに貢献しています。（表３参照）

表３　ひとりぐらし老人給食サービス（ふれあい型）の推移

年度	実施団体数	対象者	参加延人数	実施延回数	奉仕員数延人数	実施の方法
55	5	−	1,886	74	347	会食５
60	53	3,632	23,253	728	1,288	会食38、配食７、併用８

４　社協での業務を振り返って

一九六五年（昭和四〇年）四月、学校卒業後すぐに神戸市社協に就職し定年退職まで、担当した業務は一年間の庶務課の配属を除き事業部門に終始しました。今、約四〇年にわたって社協で取組んだ仕事をふり返ってみると、何年にどの仕事に携わったか、主担当か副担当か、それとも手助けだったか等々、定かでない記憶が多くあります。昔の事業報告書も参考にしたのですが、データ等の数値が統一され継続して記録されていないこともあり、記憶を辿りながらこの小論を作成しました。

私も、近い将来〝ひとりぐらし老人友愛訪問〟の台帳に掲載され、給食サービスへの参加を呼び掛けられることになる、と思います。近所に月一回の食事サービスに参加される親しい方がおられ、「常日頃は近隣の方となかなか接触できないが、食事会に行くといろんな方と知り合え、また情報も知らせていただけるので嬉しい」と喜ばれています。

かつて担当した友愛訪問活動が、民生委員が推進役になって始まり、地域の皆さんの協力を得て発展し、給食サービス実施の基礎にもなっています。このように、ひとりぐらしの高齢者が安心して生活できる地域づくりの取組みが根付いてきたことを大変うれしく思います。

この小論を作成するにあたり、最近の友愛訪問活動や給食サービス活動の動向に関する資料を得ることはできませんでしたが、聞くところによると、友愛訪問活動においては奉仕員の高齢化と、ちょっとした手伝いや、見守りをするだけではすまなくなり、通院の介助等心身ともに負担になる要求が出てくるなどで、奉仕員を辞退されたり、グループが消滅するケースもあるようです。今日のような社会に対応できる新しい方法やシステムづくりが必要とされているのでしょう。

『社協活動は調査に始まり調査に終わる運動体である』と教わりましたが、今日、社協の地域福祉活動は住民の目になかなか見えにくくなり、超高齢社会に対応するための事業体社協へと変化せざるを得ませんでした。しかし、そのような中にあっても住民の方に寄り添い、先駆的あるいは実験的な事業や活動を切り拓き展開して欲しいと願っております。

12　明石市の助け合いネットワークづくりと保健医療福祉システム

元明石市社協地域福祉係長
三木文代

1　小地域助け合いネットワークづくり

私は三〇歳の時に明石市社会福祉協議会（以下、「市社協」という）に入職し、約二〇年間、地域福祉に携わってきました。その中で特に心に残っているのは、一九八五年（昭和六〇年）から始めた「小地域助け合いネットワークづくり」と一九九一年（平成三年）から始まった「明石市要援護者保健医療福祉システム」の構築に携わったことです。

「小地域助け合いネットワークづくり」では、兵庫県社協主催の研修会での故沢田部長の「ネットワークは一人や一機関だけで活動するのではなく関係者や関係機関が連携すること、ネットのように網の目のごとくつなぐこと」というアドバイスが活動の糧となりました。また、「地域のことを考える時は、まず、現状を知ることが大切である」との助言を得て、地域に出向いて住民と話をし、コミュニケーションを重ねることを重視してきました。

一九八六年（昭和六一年）には、民生委員協議会の協力を得て、市内で「介護者の支援体制づくりに関する調査」を実施しました。結果は排泄、入浴などの重介護の課題とともに、通院介助、買い物、話し相手などの日常生活の軽易な支援体制づくりの必要性が浮き彫りになりました。そしてひとり暮らし高齢者、高齢者世帯、障がいを持つ人が、住み慣れた地域で安心して暮らしていくにはどうしたらいいかと考えました。今でいう「地域包括ケアシステム」ですが、当時は介護保険制度がない時代です。そのしくみづくりに向けて、一つ目は行政の制度やサービスをよく理解して活用できるようにし、二つ目は同じ地域に住む人同士が困った時、互いに助け合えれば、住み慣れた家で生活できるのではないかと考えました。当時の民生委員は生活保護世帯の支援が主な仕事です。そのため、例えばゴミ出しができなくなっただけで仕方なく住み慣れた地を離れ子どもの家に引っ越す人が多くいました。ゴミ出し、買い物、安否の確認など日常の軽易なことを手助けしてくれる人がいれば、住み慣れた我が家での生活が継続できるのに…。「それを担ってもらえるのは誰？」と考えたとき、近くの住民では、と思いました。そして浮かび上がったのが、一九七九年（昭和五四年）より緊急支援活動を行っている「上の丸助け合いひまわり会」というグループでした。そこで、活動を立ち上げた民生委員の三名の方に相談しました。その方々から「日常の援助を行うには比較的時間に余裕のある人で、目的を持って集まって活動することが自分の生きがいになるような人に呼びかけてグループ化しては?」とアドバイスを頂きました。

(1)　地域ボランティアグループの結成

そこで、子育ての終わった女性たちを対象に「介護教室」を開催して、理解と協力を得ようと考えました。そして、日ごろの活動で連携していた保健師や医師会の先生方の協力を得て、市内各地で「介護教室」を開催しました。人集めは主に民生委員さんにお願いしました。

市内全域で「介護教室」の開催回数が増える中、保健師の調整が難しくなりました。そこで、子育ての終わった五人の主婦が介護の専門家から「シーツの交換」「おむつの交換」「手浴」「足浴」「洗髪」「清拭」など家庭で取り組める介護方法を教わりました。指導を受けた五人のメンバーには「すずらん」というグループ名で、各地の「介護教室」で実技指導をしてもらいました。指導者と受講者が同じ「主婦」であることから大変な人気となり、多い年では年間八〇回、布団と道具一式を持って一緒に出かけました。

地域「ボランティア養成講座」は、「介護教室」以外に医師による「おとしよりの病気について」、県の保健師による「認知症について」、市の栄養士による「栄養の話」、市消防士の「救急法」「防火・防災について」、警察官による「防犯予防について」、市の職員による「高齢者住宅」

「訪問販売の安全対策について」など、多様なテーマで開催しました。このようなことが可能であったのも市の連携会議を通じて多くの機関や専門家と知り合い、日常的に連携していたことが基盤になっています。

いろいろな講座は回数を重ねるごとに、地域助け合い活動の必要性が理解され、リーダーが見つかり、グループ化されていきました。また、地域の給食ボランティアの皆さんにも、助け合い活動の理解が進みグループ化されていきました。

(2)　地区助け合い連絡会づくり

一九八六年（昭和六一年）一一月大蔵谷清水地区の自治会長と厚生部長から、市社協に相談がありました。それは「高齢者世帯で小火がおきたことを契機に、地域には高齢世帯も多く他人事では済まされない。今後どう対応すべきか」との相談でした。また、医師でもある自治会長は「一人暮らしの高齢者を往診する際、家の中で倒れているのではないかと不安を抱く」というから、地域内の高齢者世帯の実態調査をしたところ、この地区は坂も多く買い物や外出にも不自由しているという厳しい現実が明らかになったとのことでした。二人は「地域で福祉のことを考えるような組織をつくりたい」との思いをお持ちでした。

私は「これこそ小地域のネットワークの課題だ」と思い、まず、地区の民生委員の四名、高年クラブ会長、老人相談委員に呼びかけ、地域の集会所で互いの活動を説明し情報交換の機会を設けました。最初に、「小地域のネットワークづくり」は地域の福祉問題を民生委員だけに任せきりにせず、地域の関係団体や機関が集まって、「みんなが自分たちの問題としてとらえ、情報や意見交換をして相互に連携することが大切」と説明しました。その後も月一回集まって様々なテーマで意見交換を行いました。

こうして、清水地区福祉推進連絡会という組織ができましたので、当時、県社協から連絡のあった緊急通報システムの導入の話をつなげて、話し合ってもらい一七人の一人暮らしの高齢者宅に緊急通報システムを設置することができました。また、組織では、これを機に「安否確認や友愛訪問をしよう」ということになり、民生委員を中心に地域ボランティアグループ「たんぽぽの会」が結成されました。

(3)　地域ボランティアの組織化

活動を進める中で、清水地区のように地域内の主だった人が集まって地域の課題を検討し、活動の連絡調整を担う組織と、外出介助、家事援助、緊急時の支援などの実践的な活動を担う組織を整理する必要が生じてきました。

市社協は小地域助け合いづくりを、「○○地区助け合い連絡会」と「地域ボランティアグループ」の二つの体系に図式化して各地区に提起しました。「地域ニーズの把握と相談対応」と「問題解決」の二つの流れを作り、これを連動させることで地域のケア課題の解決を目指す仕組みとしたのです。この仕組みは、県社協では他市町社協が行っていた任命制の「福祉委員」と区別して、「明石方式」と呼ばれていました。

結成された地域ボランティアグループでは、友愛訪問、ゴミ出し、買い物の手伝いの他に、ボランティアの育成と地域住民の理解を図るための講座、地域のお年寄りと親しくなるため四季折々、花見、七夕、クリスマスなどの「つどい」を開催していただき、市社協ではこれらの活動に対し、「つどい」事業として助成を行いました。

こうした取組みを全国社会福祉セミナー「地域福祉推進全国セミナー」で発表したことから、東京都市町村職員研修所の一四名の方が視察に来られるなどの反響は、大きな自信となりました。

その後、介護保険制度が導入され、これまでボランティアが担っていた活動の一部を介護サービスが行うようになったため、「つどい」事業を中心に開催回数を増やして月一回以上開催とし「ミニケアサロン」という名称に変更しました。

現在、介護保険制度の改正により、改めて地域でのサロン事業に期待が寄せられています。

2　画期的な三層構造の専門機関ネットワーク―「明石市要援護老人保健医療福祉システム」―

明石市要援護者保健医療福祉システムの構築に参画したきっかけは、一九八六年（昭和六一年）より保健所主催の老人精神保健担当者検討会に出席したことに始まります。

この会は実務者レベル八名の少人数で、情報交換と事例報告をテーマに膝をつき合わせて、皆熱く語りました。事例報告では、市社協が支援できるヘルパー派遣、訪問入浴サービス、ボランティアの友愛訪問、福祉機器の貸し出しサービスなどについて、ケースの生活に必要なものを提案していきました。また、もう一つのテーマである情報交換については、私が担当している小地域助け合いネットワークづくりについて説明しました。これを契機に介護教室において医師がアドバイスをしてくださったり、ミニ講座の講師として「お年寄りの病気について」等の話をしていただけるようになりました。

市社協は地域活動について、関係機関に理解と協力を得るために、「小地域助け合いネットワークづくり推進要項および推進手順」の冊子を作りました。

また一九八九年（平成元年）より定期的に関係機関の参加による「小地域助け合いネットワーク推進委員会」を開催し、連絡調整を図るようになりました。当初は年四回開催しました。

一九九一年（平成三年）になり、連絡会議の対象を痴呆性老人（当時）から要援護老人に広げ、すべての会議を統合する組織として「明石市要援護老人保健医療福祉システム」（以下、「システム」という）となりました。なおこの名称は、後に「老人」を「者」に変更しました。このシステムの発足に向けて準備会が二回開催され、実施方法が検討されました。発足準備会で決まったことは「処遇検討会」を含む三層構造の会議の設置です。これは、現場の処遇検討会で終わりにせず、施策の不充分な点を政策策定レベルで見直し拡充する組織ができたことを意味し、画期的な意義を持つものだと思います。

(1) 処遇検討会でニーズ検討

「処遇検討会」は、困っている要援護高齢者に対して、各機関ができるサービス情報を出し合ってパッケージにして支援できるよう、支援方策を検討することを目的とした会議です。会議は、関係者が週一回集まって協議を行うことや、その位置づけも従来のように機関の色を出して壁を作らないよう、各サービス実施機関の連合組織として、お互いが丸いテーブルに同じ高さの椅子に座り、共同運営していくことを連携の理念といたしました。参加メンバーには、医師会の呼びかけで歯科医師会、薬剤師会も毎回出席することとなりました。医師会からは処遇検討会の担当医師だけでなく、当番を決めて二名体制で出席されました。途中からは精神的問題ケースも増えたため精神科医も加わり、医師三名の参加も多くなってきました。これは全国でも珍しいと言われていました。週一回の「処遇検討会」の事務局は市社協が担っていました。

市社協は連絡調整が本来の仕事であり、ケースのニーズに合わせ、保健医療福祉の関係者以外にも消防署や警察、民生委員、ボランティアなどにも参加を呼びかけ、様々な意見と知恵を出してもらいました。このようなプロセスを重ね、要援護者にとってよりよい支援を一つのパッケージにまとめるのです。私は当初から司会進行を担当し、提出ケースと人の調整に苦労もしましたがやり甲斐もあり楽しい思い出となりました。こうした取組みは、現在のケアマネジメントの原型といえるのではないでしょうか。

(2)　明石市要援護者対策検討会で問題解決

処遇検討会で整理され、支援を行う上で足りないサービスや制度を検討課題として、システムの中間レベルの会議である「明石市要援護者対策検討会（以下、「対策検討会」という）」に提起しました。事務局は、保健所と市高年福祉課が交互に担当し年四回ほど開催していました。この会議の目的は処遇検討会の報告書等から市域のニーズを把握するとともにニーズの充足に向けて、各種サービスを総合的に調整していくことです。対策検討会設置後一年目の成果は、市内に緊急通報システムの導入をしたことや耳鼻科・眼科・泌尿器科等の往診体制ができたことです。

また、大きな成果は機関間が連携し易くなり、担当者が一人で困難ケースを抱えこまなくてよくなったことです。

（３）　明石市要援護老人保健医療福祉システム協議会が基本方針

三層構造の最上部の「明石市要援護老人保健医療福祉システム協議会（以下、「協議会」という）」は、事業計画策定時の九月と予算編成時の二月の年二回開催されました。この会議の目的は、高齢者の保健医療福祉施策を見直し一層の充実・発展を図ることです。このように三層になったシステムであることで、高齢者の個別ニーズを普遍化し、市域全体のケアニーズとして検討していく高齢者の保健医療福祉の大きな流れができたと思います。

システム発足当初は、保健医療福祉のメンバー七～八人が昼間の会議だけでなく夜も鍋を囲んで熱い議論を交わしていました。そしてこのシステムが始まった当初から、日本医師会主催のプライマリーケア学会で「明石市要援護者保健医療福祉システム」の試みと成果について医師会、市行政、市社協（私は処遇検討会について）が報告をしました。その後も毎年各セクションが発表し、医師会の会長、副会長、歯科医師会、薬剤師会の先生方、保健師、ケースワーカー、市社協職員が応援と研修を兼ねて参加し、夜の食事会などでも上下なく話しができる関係の中で、皆親しくなっていきました。このことがきっかけとなり夏の暑気払いと忘年会には、関係者一五〇人ほどが集まるようになりました。どのセクションとも垣根なく交流でき、互いに話しやすい環境は、明石市の要援護者により良い支援ができることにつながり、かつ、支援する人にも良いことだと自負しています。

私は、現在、市社協を退職していますが、勤務先での経験を活かして、居住する地域の集会所で友人たちと認知症予防のための「サロン高丘ホットプラザ」を週一回開催しています。健康づくりの体操や歌、映画、習字、いろいろなメニューを考え、時には保健医療福祉の関係者に講演をお願いするなど地域の人たちと交流を続けています。

【参考文献】

・地域福祉研究二十七号「明石市要援護者保健医療福祉システム」
・明石市要援護者保健医療福祉システム「二〇年のあゆみと未来へのかけはし」

13　加西市社協における在宅福祉活動の過程と教訓

元加西市社協事務局次長
正中典子

1　訪問入浴車から始まった在宅福祉への取組み

加西市は、ここ数年人口五万人をなんとか維持していましたが、近年は減少の一途をたどり少子高齢化が急速に進んでいます。今から約四五年前は、福祉施設はなくボランティア活動もあまり見られない土地柄でした。そんな加西市に「福祉元年」が到来したのは、私が社協に勤務して八年目のことでした。一九八二年（昭和五七年）一月に「寝たきり老人、重度障がい者の入浴に関する実態調査」の取組みを契機に始まりました。

その年、読売テレビの「訪問入浴車しあわせ号」が加西市社協に寄贈されました。当時は、福祉に対する偏見はまだまだ強く、ボランティアの確保も困難な中、入浴車の寄贈を受けてもその運行をどうするか、事務局で思案をするような時代でした。それでも、当時の事務局長は、「何もなくても今もらうしかない、どうにかなる」といった調子でした。近隣他市ではボランティアで運営することが決まったと聞き、大変焦りました。そんな社協を後押ししてくださったのは、加西市の保健師のみなさんでした。当時、保健行政も「ねたきりゼロの町づくり」をスローガンに取組んでいました。

加西市社協においても訪問入浴を在宅福祉サービスの要に位置づけ、スタッフは、社協職員自らが現場に出向くこととしました。そして、看護師を雇い、ボランティアを養成することになりました。「入浴介助講習会」を随時開催し、幾度もデモンストレーションを地区集会場で実施し、訪問入浴サービスの必要性を身を持って体験してもらった修了者に入浴サービススタッフとして加わってもらうことにしました。

2　在宅福祉活動からの気づき

私の業務は、これまでのデスクワークから寝たきり老人や障がい者の家にお風呂を持って訪問する毎日に一変しました。訪問入浴に携わっての経験を、次に紹介します。

社協広報誌に訪問入浴の記事を掲載することになり、入浴車が利用者宅に停車している写真を何気なく掲載したところ、ご家族から「訪問入浴を利用していることが、ばれてしまう」と大変なお叱りを受けました。世間体を気にせざるを得ない家族が置かれている状況を痛感させられました。

別のケースでは、主治医が対象者の床ずれを実際には見たことがなかったとのことで、現場に関わってくださることになりました。浴槽に移す時、全員が思わず「あっ」と声を上げました。背中の肉片が床に落ちたのです。先生は、「ここまでひどい床ずれは見たことない。入浴サービスがなかったら清潔が保てないことがよく分かった」と言われ、私はこのサービスの目的のひとつを再確認しました。この二つの経験は、後に私が様々な小地域福祉活動に取組むうえで大きな示唆を与えてくれました。

３　山積する在宅福祉ニーズへの取組み

訪問入浴によって、在宅福祉事業の展開に一気に火がついたように思います。同年一一月には、一人暮らし老人を対象に「給食サービスに関する意識調査」を実施しました。ニーズの高い地区一カ所をモデル地区に指定し、一九八三年（昭和五八年）三月から受給者二六人に対し毎週一回給食サービスを実施することになりました。調理ボランティアの確保では、当時の食生活改善グループ「いずみ会」の会合に何度も足を運び、説明を重ね、やっと了解を得て交代制でお願いすることができました。

一九八三年度（昭和五八年度）になると四者（市保健師、保健所、社協、福祉事務所）で事例を検討する「老人問題検討会」を毎月のように行うようになりました。今では介護保険で福祉用具のレンタルなどは当たり前のように行っていますが、当時は紙おむつの材質も粗悪な物が多く、介護者の多くが試行錯誤の状態で、保健師が「介護者教室」を開催し、おむつの選び方、おむつカバーのもれないあて方など指導していました。このような実態を検討会で話し合い、介護用品の斡旋や床ずれ防止エアーマットの貸し出し事業を社協で開始することになりました。この事業は多くの介護者から待たれていた事業であったようで、事業を実施した社協には感謝の声が多く寄せられました。

一九八四年（昭和五九年）一一月になると、給食サービスの調理に加えて配達ボランティアも確保でき、全市に事業を拡大することになりました。さらに、加西市の健康づくり推進協議会の専門部会に「在宅ケア推進部会」が設置されたのを契機に、私たちが毎月積み重ねてきた、実務者レベルでの会議が「寝たきり老人等処遇検討会」として再編され、毎月定例で介護の現場などの声を中心に検討する体制が整いました。

４　地元組織・ボランティアとの協働

「北条地区婦人学級」（婦人会）への関りでは、老人問題や介護の学習会を一〇回コースで、市保健師、社協職員、保健所保健師、福祉事務所の担当職員の四者協働で企画させていただきました。修了生は、後に介護用品の手作りボランティアグループ「たんぽぽの会」を結成し、余り布を集めては「お薬カレンダー」や「車いすカバー」を制作して、多くの介護者に喜ばれ、現在も活動が続いています。

処遇検討会では「脳卒中患者が多い地区を何とかしよう」ということが課題として取り上げられました。当時、施設やサービスが限られている時代でしたから、私たちが考えたのは、地域ぐるみで支援しようという案です。区長会、老人会、婦人会、民生委員会などに説明し、一九八六年（昭和六一年）一〇月に機能訓練のつどい「賀茂がんばろう会」を、地区の集会場で開始しました。送迎は社協のマイクロバス、調理は婦人会、お世話係は民生委員にお願いする形で実施しました。当日は一五人ほどが集い、保健師さんの指導で体操やレクリエーションを楽しみました。

翌年には「長生きしよう会」という機能訓練の集いが他地区でも誕生し、この取組みが契機となり、一九八九年（平成元年）に加西市内の特別養護老人ホーム併設のデイサービスセンターでの機能訓練へと発展していきました。先ほどの集いのメンバーや地域のボランティアの皆さんは継続して関わっていただいています。

社協では、これからの在宅福祉サービスに関わってもらうボランティア養成のため「在宅ケアボランティア養成講座」を一九九〇年（平成二年）一〇月以降、毎年開催するようになりました。卒業生は、「ひまわりの会」「コスモスの会」「たんぽぽの会」などの名前をつけて、現在もボランティア活動に従事していただいております。当初からのメンバーも高齢になられましたが、元気に活躍されています。加西市の「福祉元年」から一五年を経て、ボランティアの芽は徐々に花開いていきました。

5　地域課題の早期発見と対応の仕組みづくり

次に、「あったか友愛訪問活動」の取組みを紹介します。一九八八年（昭和六三年）に二地区で福祉委員会の取組みを始めました。その当時、小野市や三木市などでは先駆的に福祉委員活動が取組まれていました。本来なら、各町で民生委員以外の人を推薦で選任すべきところ、加西市では、福祉に対する住民の理解が浸透していないと考え、まずは、民生委員さんに福祉委員を委嘱し、地区の福祉課題を専門職も交えて話し合うことから始めました。

二地区では、毎月一回、定例会にそれぞれの町の課題を持ち寄ってもらい、そこに、保健師や社協職員、福祉事務所職員が加わり、専門的な見地から意見を述べることで、地域の課題を浮きぼりにするよう取組みました。ある時、各町の民生委員さんが担当する地区で福祉マップ作りをしました。一人暮らし高齢者、寝たきり高齢者、高齢夫婦世帯、障がい者世帯などを、地区の地図を模造紙に描き、そこに針を打っていく作業を通じて、地域にある福祉課題の一部ですが可視化されたように感じました。そのような取組みを高齢者サービス調整会議（処遇検討会が名称変更）にも上げて、市の施策に反映するなど、できるだけ現場の取組みに埋もれさせてしまわないように努めてきました。

この福祉委員会の取組みが全市に広がり、一九九三年（平成五年）四月から一カ月間、地域課題が多い地区から順に、各町別福祉懇談会を夜間に実施しました。その中から、「老後の暮らしは、決して他人ごとでなく自分たち自身のことだ」との理解が広がり、地区ぐるみで声掛けを行い、早期に問題を発見し、早期に対応する取組みの重要性を共有できました。

6　住民と一緒になって考える専門職たち

一九九四年（平成六年）三月に「あったか加西いきいきはつらつ21プラン」（加西市高齢者保健福祉計画）が策定されました。それを受けて「多加野地区はつらつ委員会」が設立されました。「はつらつ委員会」は、小学校単位で組織され、地域の課題を掲げ、何ができるかを話し合う場です。その中に専門職（保健師、社協職員、福祉事務所職員）が入ることで、地域課題が浮きぼりになってきました。

この取組みは、専門職が地域住民と一体となって「この地域をなんとかしよう」との思いを共有する場になっていきました。これによって、隣保単位に「あったか班」、町単位で「いきいき委員会」が組織されています。

「あったか班」は隣保単位を基盤とした地域ぐるみの福祉活動で、回覧板などを持って行ったときに「お元気ですか？　おかわりないですか？」と声を掛け合い、安否確認などを行います。また、「いきいき委員会」（区長、あったか班長、婦人会、老人会、民生委員、民生協力員で構成）で、あったか班長が声掛けして安否確認を行った感想や情報を持ち寄って、自分たちで何ができるのか、を話し合う場になっています。今も、各町で三世代交流事業など様々な活動が展開されています。

このような地域活動を保健・福祉・医療との連携で取組んだことは、その後の社協活動にも大きな影響を与えました。

７　介護保険事業への市社協の本格参入

一九九七年（平成九年）に待望の健康福祉の拠点である「加西市健康福祉会館」が竣工、社協事務所の移転、在宅介護支援センターの受託、デイサービスセンターの開設など、二〇〇〇年（平成一二年）からの介護保険事業スタートに向けた準備を開始しました。それまで加西市直営であったホームヘルパーと訪問看護事業は、一九九八年（平成一〇年）四月から社協に移管されることとなり、加西市社協が総合介護センター事業として、デイサービス、ホームヘルプ、訪問看護の三事業を担うことになりました。健康福祉会館の周囲を「健康福祉の拠点」とし、市の事業と足並みをそろえてスタートさせることになりました。

そして介護保険の施行に合わせて、社協は居宅介護支援センター、訪問入浴ステーション、ホームヘルパーステーション、訪問看護ステーションの事業を実施主体として取組むことになりました。

これまで地域福祉活動を中心に展開してきた社協の事業は、新たな局面を迎えることになりました。このような動きを受け、当時の事務局長は、職員全員に介護支援専門員実務研修受講試験の受験を命じてテキストを配布しました。職員全員が介護支援専門員に必要な知識を勉強することで、新たな学習の機会にもなりました。私も介護支援専門員の職務が加わり、多面的な視点から要援護者の課題を考え、その方に合った自立支援をめざすことを心がけるようになりました。

8　介護保険時代の市民に見える社協とは?

今回、加西市社協における小地域福祉活動の移り変わりを振り返ることで、自身の社協職員としての歩みを改めて検証することができました。私が社協に就職した四五年前は、福祉という言葉だけが独り歩きをしていて、市民は福祉をあまり身近に感じることがなかった時代であったと思います。俗に言う「救貧対策」のようなイメージではなかったかと思います。当時、私が社協に入局して最初に担当した仕事は、「世帯更生資金」や「法外援護資金」の貸付けでした。

最も印象に残っているのは、保健・福祉・医療との連携、特に、保健師や福祉事務所職員との連携です。仕事以前に「人」としてのお付き合いをさせていただき、どんなときも良き相談相手で、協働者という関係性が築けたことです。そのことによって、第一次加西市社会福祉協議会地域福祉計画を市の第一次介護保険事業計画とリンクさせて策定することができ、介護保険時代の社協の方向性を明確にさせることができました。

社協の活動を支える財源と言えば、会費や共同募金、善意銀行などです。今から思えば、昔は善意銀行や共同募金の使い道として、各町に子供文庫やゲートボールセットなどの配布や、市民の足「しあわせ号」の運行など、とにかく「市民から見える社協」のアピールに意を注いできました。退職して今思うことは、現在の時代に合った資金の使い途が、市民からは見えにくくなっているということです。そのことは、募金などの集まりにも影響しているように思います。「社協は何をするところなのか」行政とは違う民間の創意と工夫で、「なくてはならない存在」と市民から認知されてこそ、真の地域福祉が推進できると思うのですが…。

9　介護保険だけで支えられない今こそ ─求められる多職種連携─

今、介護保険の時代に多くの社協がその制度にどっぷり浸っている中、「多職種連携」が声高に言われるようになっています。介護保険では、介護支援専門員やサービス提供事業者との連携は重要です。「連携なくして、利用者の自立支援はない」と言っても過言ではありません。現在、私が介護支援専門員として働いている職場でも、そのことを肝に銘じています。利用者の自立支援という視点に立った時、介護保険の公的サービスだけで支援するのは極めて困難で、地域の社会資源、特にインフォーマルサービスにも着目した提案が欠かせない状況にあります。

ご家族の介護負担の軽減を図るということは、利用者の心をいかに「フルフル」と奮い立たせるような係わりを従事者みんなが取組めるかということ。それこそが、多職種連携と言えると思います。連携は相手があってのものであり、相手に対する理解と信頼関係の上にこそ築かれていくものである、としみじみ思います。

14　ふれあいの家「わたしんち」の活動から

元赤穂市社協福祉
活動専門員
岩崎文子

1　はじめに

赤穂市（播州赤穂）は、兵庫県の南西の端に位置し、二〇一七年（平成二九年）七月現在人口約四八六〇〇人余りの市です。忠臣蔵と塩と上水道の街です。赤穂の日照日は週五日と、断トツで雨が降らないため江戸時代から塩づくりが発達し塩田が生まれ、瀬戸内海各地に塩田指導をした経緯があります。台風の影響も少なく雪も滅多に降らず気候は穏やかです。

2　私が介護問題にかかわったいきさつ

私が高校生の時、祖父が脳梗塞で寝たきりとなり一年余りの介護の後亡くなりました。

一九七六年（昭和五一年）に短大卒業時は福祉には全く素人のまま赤穂市社会福祉協議会（以下社協）に就職しました。一九八〇年（昭和五五年）ねたきり老人問題が注目され始め、ある人から「ねたきりの夫が一年以上も入浴をしていない。一回でいいからお風呂に入れてあげたい」と相談されました。当時は、「お風呂に入ったら死ぬ」と言われた時代。故澤田清方県社協地域福祉部長から入浴サービス車を紹介されました。二四時間テレビから寄贈を受け、入浴サービスが一九八二年（昭和五七年）に始まりました。

また、社協で在宅介護者研修を開いた時、参加者から話がしたいとの申出がありました。後日の午後市民会館和室で一五名程が参加し、介護者座談会を開催しました。座談会では、「困って福祉の窓口へ行ったら、職員に『自分の親は自分で見るのが当たり前』と言われた」「わかってるけど辛い」「すがるような気持ちで相談に行ったが、何も制度がないからと話も聞いて貰えなかった」「新しくできた介護手当の申請を民生委員に相談したら、『嫁として親を見るのは当たり前。お上からお金をもらうなんて心得違いや』と言われて泣いて帰った」など、次から次へと語られる介護現場のあふれるような思いと過酷さに局長は途中退席し、係長と私はただ泣いて聞いていました。思いのたけを語った介護者は、五時過ぎに帰っていきました。私は「このままにしていたらあかん、事件が起きる」と強く感じました。

３　介護者の会活動とケアマネージャーとしての学び

当時産休中でしたが、何かしなければと思った時に大阪府枚方市のねたきり老人介護者の会を知りました。そこで事務局長に直談判し、介護者の会組織化の起案をしました。地域座談会を開き、当事者の組織化を目指しました。しかし枚方市のような時代を先取りした都会型当事者組織は、当時の赤穂では要求型の異端組織として受け入れられませんでした。今では大人用紙おしめも当たり前ですが、介護軽減のための大人用紙おしめの共同購入も「親のおしめは洗えないのか」との批判を浴びて理解されませんでした。

そして次のような理由で、私の介護者の会の組織化はあえなく失敗に終わりました。①「動けない介護者を動かそうとした」という非難（うるさい近所姑の存在）②支援者や理解者がいない③資金力がない④理論を持っていなかった⑤自分の未熟さなどです。

その後社会福祉士国家資格を取って学び、介護とは違う子どものおもちゃライブラリーに出会い、子供連れボランティアの面白さに心打たれ、ボランティアの神髄を体験しました。ボランティアは楽しむこと、やりがいや達成感や自己実現がないと続かないことを知りました。

私は、一九九三年（平成五年）八月～九月に大阪市立大学の白澤先生が主催する「アメリカ・

カナダへのケアマネジメント研修」に県社協の派遣で参加しました。ロサンゼルスで偶然ピアカウンセリング財団を見学する機会に恵まれました。乳がん患者の支援を同じ乳がん患者が担当し、アルコール中毒患者には、アルコール中毒を克服した患者が支援するなど、経験者でないと理解できない悩みや痛みがあり、本当の意味での共感や支援ができないとの教えをいただきました。このことが、私が迷って膠着状態だった介護者の会を組織化するきっかけとなりました。

４　一〇年の歳月を経て再び介護者の会を立ち上げる―「わたしんち」へ―

当初から一〇年の歳月を経て、『私一人でも介護者の会に来たい』との介護者からの一言が原動力になり、一九九三年（平成五年）一一月〝赤穂市ねたきり・認知症・重度障がい者の介護者の会〟の当事者組織を二七名の会員で立ち上げました。この支援活動の中で様々な介護者・患者・ボランティア・専門職・住民と出会って、毎月の定例会や運営委員会の開催、紙おしめの共同購入、機関誌発行、介護支援ボランティアあやめの支援、介護相談、ミニ宅老、介護特別食、バス旅行、市介護保険計画への委員推薦、会員延べ一〇〇〇人突破、介護の実態アンケート、一五周年記念誌の発行など、介護者の求める新な事業を立ち上げていきました。「非難も批判もなく、何でも話せ経験者でしか共有できない痛みを分かち合う、自分だけだと思ったら辛い。でもあなたは一人じゃない。介護をした者でしかわからない辛さや痛みや悩みを仲間と分かちあいましょう」と呼び掛けました。

叫んでいる母の口に病室でガムテープを張った娘。昼間仕事がある娘は、徘徊する母を毎夜腕に紐を結んで寝て、母が起きたら引っ張られて自分も目が覚める。今はねたきりだが性格のきつかった姑の手が届かない所にお茶を置いて外出する嫁のささやかな反撃。夫の暴力に顔を腫らした妻。愛しい夫でも二四時間寝ずの介護はできない、いっそこのままと思う老々介護の妻。自分がまさか妻の下の世話をするなんてと嘆く夫。息子には迷惑をかけられないと介護を拒否する母。虐待する息子・娘・嫁・夫・妻それぞれに過去からの歴史や家族関係があって一概に善悪はつけられません。しかし悩みを話すことで帰る時にはすっきりして帰る姿に、外には話さないを不文律とした会の使命がありました。私は、介護者の会活動から組織化運動は、真っ直ぐ進むのではなく、実践から理論へ理論から実践へと螺旋のように曲がりくねって進んでいくものと理解しました。さらにボランティアという住民の力の偉大さを知りました。

数々の座談会を経て、介護者が元気でなければ、在宅介護が続けられない現実を目にしました。患者が病気になれば入院したらいいですが、介護者が病気になればたちまち困ります。患者をどうするか。その当時一緒に入院させてくれる病院は皆無でした。

介護の社会化をめざした介護保険が始まった二〇〇〇年（平成一二年）は介護者にとっては曙

が見えた年でした。しかし私はケアマネージャーを兼務していて、夜間や土日にはショートステイが使えずにヘルパーを二一時まで派遣し、三時間の空白をボランティアで埋め、遠方から帰ってくる家族を朝まで待ったこともあります。介護者は自分が病気になったら心配で医者に行かない人が多く、介護者向けの生活習慣病検診の機会を作ったのもこの時です。暴力をふるったり徘徊する患者は施設が受け入れてくれず病気の介護者と路頭に迷いました。次は五〇～七〇人の大規模容量のデイサービスしかなかった時代に、ケアマネージャーとしてモニタリングに行ったときのことです。一日中誰ともしゃべらずに帰る車いすやベッドで安静の生気のない利用者を目にし、自分では開けられないデイサービスの出口のドアをたたく認知症の利用者の姿に涙がこぼれました。普通の家で安心して暮らせる小規模のデイサービスを作りたい。介護者向けのレスパイトの施設がほしい。安心してちょっと預けられるところが欲しい。さらにケアマネとして一か月・一年と利用者の生活と個別支援を見ていくと、地域活動で見ていた内容がいかに薄っぺらだったか。木を見て森を見ず、また森を見て木を見ていなかった自分を反省しました。

5　ふれあいの家「わたしんち」オープン

当時の故中山社協理事長と中村局長に思いをぶつけました。二〇〇九年（平成二一年）「わかった、作ろう。共同募金のお金をいただいてるんだから困ってる市民を助けるのは社協の仕事だ」とデイサービスを立ち上げることになりました。県への設置申請、日本財団への助成金申請、運営する人材の確保を進める中で、築九〇年の家屋を家主さんの好意で賃貸契約することができました。

人が三年住まなくなると家屋はすごく荒れ、中庭はうっそうと木が生い茂っていました。手をかけて改装して、二〇一〇年（平成二二年）一一月一日に小規模デイサービス・ふれあいの家「わたしんち」がオープンしました。誰もが自分の家と思って暮らして欲しいとの思いを込めて、〝わたしんち〟と名付けました。一日一〇名の定員です。初代の管理者が立上げを担って下さり、軌道に乗せてくださいました。

〝わたしんち〟の理念は、「住み慣れた地域での生活を希望される方がご自宅で安心した生活ができる拠点づくり、一人一人の思いに寄り添い、できることを大切にし、可能な限り自分らしく暮らせることを目指し、安心してゆったり過ごせる時間を提供し、地域のみなさんが気軽に集い様々な活動の行える場所にします」です。

６「わたしんち」の活動から

管理者が辞められた後の二〇一四年（平成二六年）四月、私は突然三代目管理者として就任しました。社協での三八年間地域福祉活動を主にしてきて、今回初めて利用者を受け入れるデイサービスの現場へ来ました。当初は戸惑いが多くて、何とか運営を安定させたいとの思いで三年六か月は勉強の連続でした。利用者の日々の変化や移動、別れ、家族との関係性、ケアマネージャーなど関係機関との連絡調整、さらに職員は、正規は自分一人で、あとは嘱託・臨時・パートなど様々な雇用形態で、社会福祉士・社会福祉主事・介護福祉士・看護師・ヘルパー・歯科衛生士・栄養士などの資格や立場や意識の違いがあり、いつも利用者の激減・職員不足・正規で雇えない現実など管理者業務に悩んでいます。しかし笑顔で働く職員が財産です

現在の「わたしんち」での取組みは、利用者の身体が不自由でも認知症があっても普通に暮らせること、生活リハビリをモットーに洗濯・干す・畳む・お手拭きづくり・お茶を入れる・野菜の収穫・畑・花壇・植木鉢の水やり・花瓶の水替え・調理・おやつ作り・メダカの餌やりなど、いろんな家事をこなしていただくとお客ではなくみんな仕事に来ている、または自分の家と思って誰も帰るとは言いません。玄関は開けっ放しで鍵はかけていません。

「きょういく」とは今日行くところがあり「きょうよう」とは今日用事があることです。老化による喪失体験やできなくなった失望感・自分の居場所や家族の中での存在感を失う、鍋を焦がして調理を止められ、お金の管理ができなくなり取上げられ、自信を失ってどんどん閉じこもりになると表情も身体の動きも悪く認知症状も進みます。

しかし、「わたしんち」に来て、職員の支援で包丁を持って味噌汁の具材をすごく上手に刻み味も抜群で、みんなに「おいしい」とほめられると満面の笑顔が生まれます。人は自信をもってできることがあれば達成感が生まれ、誰かの役に立つと有用感が生まれ、自分自身の生き甲斐ややりがいにつながります。「わたしんち」ではこの思いを支援することを目指します。記憶の欠落は、そっと職員が補完することで自分の記憶となります。何かできること役割を担うことに意義があります。ここにこぼれる笑顔が生まれます。

オープンハウスを年三回開催する中で、参加者からは、「誰が要支援で要介護なのかわからないし表情が豊か」と言われます。ボランティアを積極的に受け入れて、いろんな人が来ることで利用者にも刺激になり、赤ちゃん・幼児・小中学生・高校大学生・大人・老人までの老若男女が来られます。認知症があっても赤ちゃんを上手にあやせます。

買物支援では、以前は「人参を買ってきて」と利用者に言うと、若い職員に「あんた買ってき」と動いてくれない。今は、行く前にカレーのメニューを考えてもらい、カレーに人参を入れることを確認して「カレーの人参を買ってほしい」と言うとちゃんと買ってくださる。「今日のメニューは○○さんが、買い物してくれて、調理してくれたよ」と他の利用者に伝えると「ありがとう」が返ってくる。この時達成感と役に立った有用感・存在感を味わって喜びにつながる。「わたしんち」では、こうした一連の支援を実践しています。

毎日が新しい出会いと発見の繰り返しですが、「わたしんち」の挑戦は、日々の活動の中から、利用者とそれを支える職員のたゆまぬ努力と心遣いが織りなすものです。どんな織物になるかは、一人一人を大切にするという理念が貫かれていく限りは、紆余曲折しながらも進んでいくものと思います。

今後さらに厳しい介護保険の改正を前に、認知症に特化した地域密着型通所介護事業所として、法外のサービスも提供しながら、社会福祉協議会が運営するデイサービスとして、常に新たな挑戦を続けていきたいと思います。

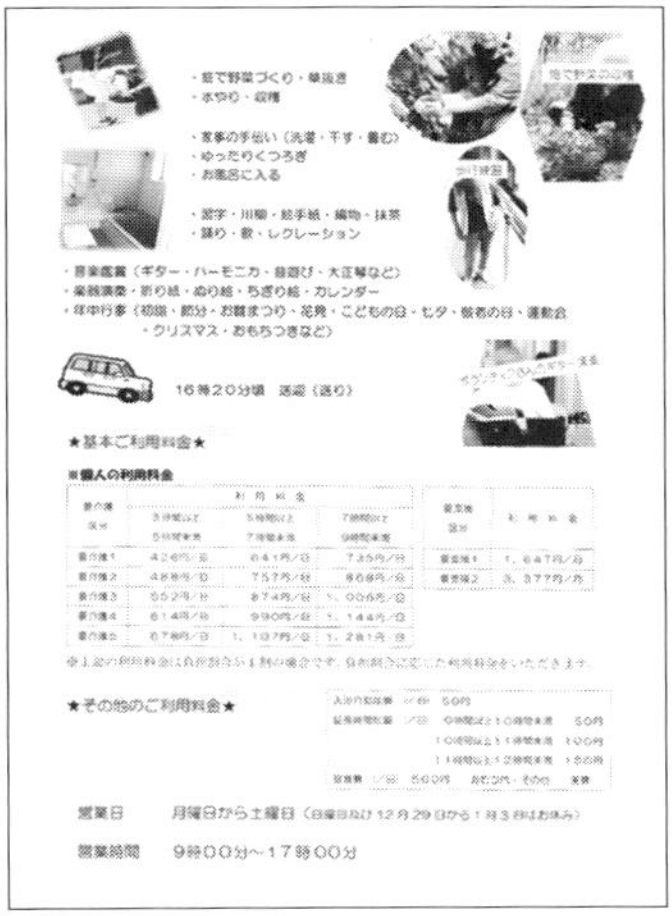

・庭で野菜づくり・草抜き
・水やり・収穫

・家事の手伝い（洗濯・干す・畳む）
・ゆったりくつろぎ
・お風呂に入る

・習字・川柳・絵手紙・編物・抹茶
・踊り・歌・レクリエーション

・音楽鑑賞（ギター・ハーモニカ・音遊び・大正琴など）
・楽器演奏・折り紙・ぬり絵・ちぎり絵・カレンダー
・年中行事（初詣・節分・お雛まつり・花見・こどもの日・七夕・敬老の日・運動会
　・クリスマス・おもちつきなど）

16時20分頃　送迎（送り）

★基本ご利用料金★

※個人の利用料金

要介護区分	利用料金 3時間以上5時間未満	5時間以上7時間未満	7時間以上9時間未満
要介護1	426円/日	641円/日	735円/日
要介護2	488円/日	757円/日	868円/日
要介護3	552円/日	874円/日	1，006円/日
要介護4	614円/日	990円/日	1，144円/日
要介護5	678円/日	1，107円/日	1，281円/日

要支援区分	利用料金
要支援1	1，647円/月
要支援2	3，377円/月

★その他のご利用料金★

入浴介助加算	1/日	50円	
延長時間加算	1/日	9時間以上10時間未満	50円
		10時間以上11時間未満	100円
		11時間以上12時間未満	150円
食事代	1/日	500円　おやつ代・その他	実費

営業日　月曜日から土曜日（日曜日及び12月29日から1月3日はお休み）

営業時間　9時00分～17時00分

地域密着型通所介護（デイサービス）

ふれあいの家　わたしんち

住み慣れた地域での生活を希望される方が
自宅で安心して生活できる拠点づくりを目指します。

赤穂市社会福祉協議会

地域密着型通所介護（デイサービス）

ふれあいの家　わたしんち

運　営：社会福祉法人赤穂市社会福祉協議会

住　所：〒678-0201　赤穂市塩屋656－17

連絡先：TEL　0791－56－6644

FAX　0791－56－6631

ふれあいの家「わたしんち」はどんなところ？

★介護が必要な方が、介護保険を使ってご利用いただけます。

自宅に近い環境でゆったりと

過ごしていただきます。

その方のやりたいこと、できることを大切に、

お一人お一人の思いに寄り添います。

介護の専門職員もいますので、安心してご利用いただけます。

★介護が必要でない方でもご利用いただけます。

買い物途中にちょっと一休み…

なんとなく人恋しいとき…　　気軽に立ち寄ってくださいね♪

誰かとお話したいと時に気楽におしゃべり…

★ボランティア歓迎します。

ふれあいの家「わたしんち」の1日の過ごし方

8時30分～9時頃　送迎（お迎え）

生活リハビリを支援

・ゲームを楽しむ
・おしゃべり・近所を散歩

・みんなでお昼ご飯の準備
（買い物・料理）

・おやつを手づくり
（アップルパイ・クレープ・ケーキ
・団子・かき氷・たこやきなど）

・みんなでお昼ご飯を食べる

15　阪神・淡路大震災と芦屋市社協の救援活動

元芦屋市社協事務局次長
中西雅子

はじめに

私は、芦屋市社協を退職し二〇年余が経ち、傘寿をとっくに過ぎた「老女」と言われても仕方がない年齢になりました。トアロード会において、在職中で最も印象深い活動（出来事）を出し合って出版しようということになり、しかも、編集委員まで仰せつかり、会員に執筆を依頼する立場もあって、苦手ながら筆を執ることにしました。

社協在職中いろいろな活動や事業に関わってきましたが、やはり、阪神・淡路大震災とそれにかかわる救済・救援活動は最も印象深い出来事の一つです。その当時の記憶を少しずつ思い起こしながら記してみたいと思います。

１　大地震襲来…その時

私の四〇年近くの社協職員としての活動の中で、あの大震災で芦屋市が甚大な被害を受け、多くのものを失ったことは生涯忘れることができません。

私は、あの大震災を旅先の沖縄のホテルにおいて朝食後のテレビ放送で知りました。夢であってほしいと思いながら、テレビの画面にくぎづけになりました。旅の予定を中止し、すぐに帰ることを決めましたが飛行機の手配ができず足止めを食うことになりました。

事務局に何度も電話を掛けましたが連絡が取れず、一日中テレビでの被害状況の把握しかできずに、重苦しい時を過ごすことになったのです。刻々と被害の状況が報道され、多くの死亡者の中に知人の名が…。胸の痛みを強く感じました。このような大惨事が起きているにもかかわらず、何もできず呆然と一日を過ごしました。

思い余って「家族が被害を受け重傷だ」と申し出て何とか帰路の手配をすることができたのです。特別に切符の手配を受けて、発災から二日目の夕方、関西空港に帰ってきたものの、自宅までにまた多くの時間を要しました。

2　震災後初出勤

三日目の午後に、やっと出勤することができました。食料品と身の回りの物をリックに詰め込み、それを背負って京阪電車で社協へ向かいました。大阪駅に着くまでに平時よりも五〇分ほど多くの時間を要しました。阪神電車は不通、阪急電車も西宮北口駅まで、時間はかかりましたが、やっと芦屋市の近くまで来られてホットしました。

西宮北口からは、交通機関が不通、慣れない道を西へ向かって歩く、多くの人とすれ違いますが、お互いリュックを背負って目的地を目指し一心不乱、会釈をするのが精いっぱいでした。被災した人、被災地を訪ねる人達、その誰もが疲れた様子、自分はこれから頑張らなくては、と覚悟を決めました。

途中、お手洗いを拝借するため病院に立ち寄りました。そこで目にしたのは、待合室、廊下にベッドが並び、けがをした人、点滴を受けている人等かなり重傷とみられる方々も多く通路を通り抜けるのがやっとの状態でしたが、私にはどうすることもできず、今回の震災の惨状を目の当たりにした思いでした。

芦屋に近づくにつれ家屋やビルの倒壊、道路の亀裂、橋の落下等ひどい状態を目にしました。

そしてやっと事務所に着くことができました。事務所は避難所になっていて、すべての職員は何らかの被災を受けながらも、被災者支援活動に取り組んでいました。疲れた様子を見せながらも、私の到着を笑顔で迎えてくれました。

3　市社協の被災者支援活動

社協の事務局は、芦屋市民センターの複合施設の一階に位置しており、福祉会館、老人福祉会館の運営管理を委託されている施設の一部に事務局が設置されていました。ここが急遽、被災者の避難所となり、平時の会館の様子からは一変していました。さらに、事務局内に芦屋市の避難所担当職員も同居することとなり、混雑を重ねた中で仕事を進めることになったのです。

社協として地域住民と共にどのような被災者支援、復旧活動を進めるかに苦慮しました。まず、市内各町の福祉推進委員（福祉推進委員とは、各町担当民生委員一人に対して二人の推進委員を市社協で委嘱をしている独自の制度）により、それぞれの担当地区の要支援者、具体的には、独り暮らし高齢者、高齢者世帯、在宅障がい者等の安否確認、支援の要否、被災状況などを調査することにしました。

しかし、被災直後から一部の福祉推進委員はこれらの活動をすでに取り組んでおられ、その先行活動を参考にしながら進めていきました。

被災者のニーズは多岐にわたり、市社協職員、福祉推進委員の活動にも次第に疲れや限界が見えてきていました。なぜなら、彼らも被災者であり自身の復旧も背負っていたからです。こうした時、加古川市社協が中心となり東播磨ブロックの社協職員やボランティアの皆さんがいち早く支援の声を上げていただき、正直、本当に助かりました。彼らは、被災家屋の片づけ、引越しの手伝い、避難所での話し相手、雨漏り対策として被災家屋へのブルーシート掛け、被災者の衣服の洗濯など、芦屋市社協の力だけではできなかったことを担っていただきました。感謝で涙が出たことを憶えています。

また一方では、日ごろから関わりのあった住民の方々から健康管理、人間関係の不安、経済面・精神面、就労のことなど、相談が持ち込まれるようになり、その相談に応える活動にも力を入れていきました。

震災直後に多くの市民の命と最低の生活を支えることができたのは近所同士の励ましと支えあいが大きかったと思います。公的支援が届くまでの間、近隣の助け合いでつなぐ「住民力」は、日ごろから培っておくことが大事だとつくづく感じたものです。

４　生活福祉資金の貸し付け

国は、被災者に対する緊急援助資金の貸し付けについて、生活福祉資金制度を活用して貸し付けることにしました。生活福祉資金は、以前は世帯更生資金と言われ、社協がその運営を行っていましたが、この資金制度は本来の目的以外にその時々の社会状況に対応するため便宜的に利用されてきたきらいがあります。今回も、政府・行政が直接に貸し付けを行うのではなく、具体的には、兵庫県社協が市中の金融機関から資金を借り受け、その資金は被災地社協を窓口に一世帯一〇万円、大家族世帯には二〇万円を貸し付けるというものでした。震災一〇日後の一月二六日から貸付をはじめ約一〇日間で五四〇〇〇件、八〇億円を貸し付けたと兵庫県社協は公表しています。この貸付金はすべて兵庫県社協の負債になるということで、何とも国から責任転嫁されたような印象を強く受けました。

それはさておき、貸し付けの受付を開始すると借入れ希望者が殺到、貸付期間中この状態が続いたのです。受付窓口では借入れ申請人に対して制度の説明と返済方法まで説明を行う一方、貸し付けの適否も判断しなければならなかったのです。申請者の中には、暴言をはく人、嫌がらせをする人、時には暴力的な行為を行う人もあり警察署と連絡をし、警察官に見守ってもらいながら受付業務を行ったこともありました。

当日の受付分をその日のうちに、保証人と合わせて住所等の確認を行い、担当民生委員に連絡をして貸付決定の処理を済ませました。

続いて、翌日の貸し付け予想件数、予想金額を決定し県社協に報告をする、という一〇日間でした。この貸付事業には不眠不休で取組みました。

5　現地救援事務所の開設

震災から一週間くらい経ったころ県社協の塚口事務局長から現地救援事務所開設の必要性を訴えられました。それは、全国の社協からやボランティアが救援のために被災地入りするので、その活動の受け入れと調整を行うための現地事務所が必要だということでした。

支援いただくことは心強く思いましたが、各福祉会館等が避難所に利用されており、設置場所が決まらず、県社協から塚口事務局長が何度となく足を運んでいただき、私も、芦屋市内に適当な場所がないかと探し回りましたが見当たらず開設が遅れました。やっと、福祉会館内の身体障がい者授産室を現地事務所に充ててもよいということになり、そこに決まりました。

現地事務所は、京都府社協の事務局員が中心となって運営することが決定しました。早速、同社協から芝田さん、坂井さん他数名の職員が配置についていただいたのです。京都府社協の皆さんは、全く未知の芦屋市で地図を片手に坂道の多い、しかもあちらこちらに亀裂が走る道を自転車で現場に出向き被害の状況や数多くのニーズを聞き取ることから始められたのです。夕方には、各学区の被害の状況や被災者の要望などについて報告しあいながら、それらの支援について協議し、実行できるものから手を打っていくことにしたのです。

このようにして現地事務所には全国から多くの社協職員が、順次支援活動に参加してくださいました。この支援を受けた期間は四五日間くらいだったと思います。

こうした全国の社協からの支援活動は、特に、社協職員についてみると、日ごろから住民の立場に立って考え、活動しているからこそできる支援活動ではなかったかと感慨深く思ったものです。

6　自分なりの恩返しを

私は、震災の一年後に芦屋市社協を退職しました。退職の理由は、疲れ切っていた私を主人が気遣って、体調を非常に心配したことが主な理由です。退職後一年くらいしてから、京都市伏見区にある精神障がい者自立支援を目的としている社会福祉法人伏見ふれあい福祉会、同じく社会福祉法人ねっ子の郷福祉会に関わるようになりました。これは震災復興で大変お世話になった京都府内でボランティア活動に参加させていただけたらとの思いからでした。そして八幡市社協で障がい者のカフェのお手伝いも始めました。その後、同市のボランティア活動センターの運営委員、福祉計画策定委員などを委嘱され、現在も同市社協の多くの分野の活動に参加しております。

私は、京都市の伏見区に居住していることもあって、伏見区ボランティア連絡会の立ち上げや、同区社協理事・評議員としても活動の場を与えられてきました。同時に、精神障がい者自立支援のお手伝いも続けています。伏見区の学区社協では地域福祉活動に積極的に参加し、災害時に学んだ近隣とのかかわりの大切さを強調しながら歩んでおります。

社協活動は、自分自身の生きていくすべてだと思っています。人生死ぬまで社協活動に参加できるのではないでしょうか。

おわりに

震災直後に開設した被災者救援現地事務所の活動を支えていただいた京都府社協の芝田さん、神奈川県社協の事務局の方々と交流を続けています。震災後一年がたった時点で神奈川県社協の方々には、市の復興状況の説明を行いました。その後、京都府社協の職員の皆さんとも合同で交流会を持つなど、震災復興時のつながりを今日に至るも大切にしております。社協活動の原動力は、人と人とのつながり、そしてお互いの信頼関係ではないかと思っております。

社協人として行った震災被災者の救援活動を思い起こしながら拙い小稿をしたためてみました。

16　阪神・淡路大震災における加古川市社協の取組み

元加古川市社協事務局長
上内浩嗣

1　発災から三日間

一九九五年（平成七年）一月一七日午前五時四六分、阪神・淡路大震災。大きな地鳴りと揺れに、私は目を覚ましました。家族の様子を確かめ、言いようのない恐怖を感じた記憶は今でも忘れません。

揺れがおさまり、テレビをつけると、徐々に、倒壊した高架や建物など神戸の悲惨な光景を伝える画面に変わって行きます。事の重大さに夜明け前の薄明かりの中を家屋や近隣の被災状況を見ながら職場に向かいました。職場につくと、出勤してくる職員一人ひとりの被災状況を確認しつつ、加古川市や関係役員に連絡をとりました。しばらくすると電話が繋がらなくなりました。県社協や近隣社協とも連絡がつきません。

加古川市社協の事務所は震源地から北西に約三〇キロメートル程離れていますが、テレビに映し出される被災地の様子は、刻々と深刻なものに変わっていきます。それと併せて、救援物資の呼びかけに加えて被災者の救出や消火活動に手が回らない様子を伝える放送が繰り返されるようになりました。

公的な救援活動だけではとても手が回らないほどの深刻な被災状況を目の当たりにして被災地域にボランティアが続々と駆けつける様子が報道され始めると、加古川市社協にも市内外から、被災地でのボランティア活動に関する問い合わせや登録、派遣の申し出が殺到し始めました。しかし、依然として被災地社協との連絡が繋がらず、ボランティアの派遣ができる態勢のめどさえ立たない状況の中、ひとまずボランティア登録として受付けることしかできないでいました。しばらく居ても立ってもいられない日が続きました。

2　五日目　芦屋市に向かう

四日目にようやく県社協と連絡が繋がりましたが、県社協が事務局を置く県福祉センターの被害状況が深刻で、初動体制すら取れない状態であることが分かりました。そうした中、全国からの支援の手は神戸市に集中しがちでしたが、神戸市に隣接する芦屋市の被害も深刻で社協事務局も混乱しているらしいとの情報が入ってきました。芦屋市社協とは連絡が取れ、被災状況等を確認することができたので、対応を協議しひとまず支援に向かうことにしました。

翌日、飲み水や医薬品等を積み、芦屋市社協に向け公用車を自ら運転して行きました。途中、県福祉センターや芦屋市役所に救援物資を降ろしながら、芦屋市社協に到着。通常であれば一時間で着くところを、道路のそこかしこが寸断され、救援車両以外にも多くの車が被災地に向かう中を縫い四時間以上を費やしました。

道中、悲惨な光景を目のあたりにしたこともあり、仮設の芦屋市社協事務所に中西雅子事務局次長、津田和輝係長の二人の姿を見つけた時には、何とも言いようのない感情がこみ上げてきたのを覚えています。被害状況や必要とされる支援の内容を協議していると、加納副理事長（芦屋市民生児童委員協議会会長）から、被災している民生委員もいる中で、民生委員協議会が担当ケースの被災状況の確認やニーズ把握に懸命に努めておられる様子を伺い、社協への支援と併せ今後の支援をお約束し、加古川に戻りました。

一月三〇日、被災家屋の片づけや屋根のシート張りなどのボランティア派遣要請を受け、ボランティアと共に再び芦屋市社協に向かいました。道中に四時間から五時間を要するため、加古川を六時に出ても到着が一一時過ぎになります。帰りは、芦屋市を午後五時に出ても加古川には日付が変わる頃の到着となるため、活動時間が限られます。しばらくして「芦屋市現地事務所」の開設を契機に、移動に多くの時間を要する加古川市からのボランティア派遣は終了させていただくことになりました。

3　二週間後　被災地支援の拠点整備をバックアップ

震災から約二週間が経過した一月末、「西日本の各社協からの要請を受けた岡山県社協が窓口になり被災地の神戸市の支援活動拠点を探している」との情報が、県社協からもたらされました。激震地の被災地域内に支援拠点を築こうにも神戸市との協議が進まず、岡山県社協が頭を抱えているとの話でした。その話を聞いて、施設管理・運営に支障が生じないよう市の了解を得た上で、被災地から少し距離があるものの鉄路や陸路でのアクセスが容易な加古川市総合福祉会館で支援拠点整備を支える役割を担うことを申し出ました。

同じ頃、神戸市長田区の神戸市立鷹取中学校は多くの被災者の避難所としての役割を担っていました。教職員は避難者への支援に加えてボランティアの受入れや調整の役割も行っていましたが、長期化が予想される避難生活の中で、西日本の各社協職員やボランティアが徐々にその役割をとって代わるようになっていきました。このように、この中学が市内の救援かつ支援の拠点となる条件が徐々に整っていきました。

全社協、兵庫県社協、加古川市社協の三者協議を経て、鷹取中学内に現地本部（事務室）やボランティアが就寝できる和室などのスペースを確保するとともに、コピー機やＦＡＸ、電話機などの機器類を整備することにしました。機器類は復旧需要もありひっ迫していました。あちこちの業者に社協の支援拠点の必要性や役割を説明し、遠隔地にも車を走らせるなど、大変な思いをして二日間で確保することができました。

４　災害支援物資の橋渡し

災害支援の輪が広まるにつれ、映像やニュースでの呼びかけに応え県内外から災害支援物資が神戸中心に集まりますが、集積場が手狭で場所が次々と変わります。三木市にある公園に大規模な集積場が整備されることになり、支援物資の仕分けに多くの人手を必要としているとの情報が入り、ボランティア登録者を災害支援物資仕分けボランティアとして四日間派遣することとし、延べ一〇〇人をバスで送迎しました。

集積場のテントは、山積みの段ボール箱で埋め尽くされています。作業は、到着する救援物資の箱を開封しながら仕分けを行うのですが、連日その繰り返しです。被災者の人たちは、仕分けが済んだ物資の箱を次から次へと開け必要な物資を探していかれます。作業は、息つく間もない状況でした。

加古川市内にも家族や親せきを頼り一時的に避難されている方や市内の公共施設等に身を寄せておられる方もおられました。市内の身近なところでも移動手段を持たない被災者に支援物資の橋渡しが必要とされました。三木市の集積場責任者と協議の上、日用品や雑貨、携帯コンロ等の物資を軽トラックで持ち帰り、市福祉会館の一室を確保して被災者に持ち帰っていただく取組みを行いました。被災者が希望する物資も翌日には届けることができ、短い期間ではありましたが被災者の方々の希望に応えることができました。

市青年会議所が、市民会館前を拠点に災害救援物資の募集に取組みましたが、多くの物資が集まりますが受け渡しのネットワークがありません。市社協がその橋渡しを担うなど市内の各団体と協力した活動も行いました。

５　一か月〜二カ月後　鷹取中学に設けた支援拠点を中心とした活動

二月一日、鷹取中学の支援拠点が活動を開始しました。岡山県社協が中心になって県外の社協職員やボランティアの受入調整を担当しました。このチームは、高齢者、障がい者、病弱者への救護、生活相談や生活支援のボランティア派遣、社協による訪問入浴事業のコーディネートを、二月二八日を目途に取組むことになりました。ニーズ把握に基づく被災者支援の取組みの一方で、被災者の自立を促す取組みも検討されるようになり、支援内容は徐々に変わっていきました。

三月、鷹取中学での避難所生活もほぼ一ヵ月が経過し、不自由な避難生活の中ではありましたが自治会が結成され、避難所の運営に避難者自身が関わるようになるなど、避難者自身に自立する意欲が見られるようになりました。こうした動きを踏まえて、社協職員による現地での支援活動は三月一一日をもって終了し、以降の県外ボランティアの受入れは学校側が対応することにしました。

三月一一日、鷹取中学の現地本部での最後の活動を終え、避難所の運営に携わった社協職員、ボランティアが加古川市総合福祉会館に戻り、現地本部の解散式を兼ねた市社協職員との交流の場を設けました。ある女性スタッフは「避難所『鷹取中学校』で被災者に寄り添い支援してきたが、引継ぎのボランティアに後をお願いし避難所を後にしてきた。被災者に最後まで寄り添うことができずその場を離れた私に対して、私は何ができたのだろう、罪悪感に苛まれ、とても辛い」と、ずっと泣いていました。三〇分近く寄り添って話を聞き慰めながら、私も目頭を熱くしていました。

この頃になると、県社協を含む県内市町社協は現地本部での活動と併せて、各ブロックでの被災地支援体制を確立していました。

加古川市社協や県内外の各社協がが、職員や関係機関、そしてボランティアの協力を得て様々な支援活動を展開できたのは、被災地の現地本部や県社協災害対策本部の「兵庫県社協震災対策ニュース」による情報提供によるところが大きかったと思います。被災地からの一元的で正確な情報発信は、災害支援活動にとって重要な柱でした。

６　三カ月後　仮設住宅「東加古川団地」への支援開始

被災後の緊急的な支援活動から約二カ月を経過した四月、東加古川駅に隣接する土地に被災者向けの仮設住宅の建設が始まりました。一〇〇〇戸もの仮設住宅群は県内で最大規模のもので、ここへの支援体制の構築が次の課題となってきました。

建設作業が進む傍らで、被災者の受け入れに向け市関係者と地元民生児童委員、町内会や自治会長、それに支援ボランティア、さらには保健師や専門相談機関等から成る「仮設住宅支援ネットワーク」が創設され、被災者の受け入れ準備が進みました。

仮設住宅群は「東加古川団地」と呼ばれ、四月三〇日から入居が始まりました。加古川市社協は、入居に向けた準備を担当することになり、市内の事業所や企業に協力を呼びかけ、各戸に日常生活の必需品（タオル、洗剤、コップ他）を確保し届けていきました。仮設住宅の鍵を事前に市から受け取った時、社協への期待と責任の重さも加わって、大変重く感じました。

仮設住宅への入居が進むにつれ、住人同士のつながりを高めようと自治組織結成に向けた支援や組織運営に、多くのボランティアや関係者が関わろうとしましたが、被災前の住人相互のつながりはあまりなかったと話す方も多くいらっしゃいました。被災地から仮設住宅に移りほっとしている折に、自治会の組織化や運営に積極的に関わろうという方はあまりおられませんでしたので、人材の発掘には大変苦労しました。

一方、入居開始前から支援ボランティアとして多くの方々に登録いただき、入居の手伝いや日用品の調達、買い物の付添いなどに活躍していただきました。入居が進むにつれて活動ボランティアが増え、ニーズ把握や実態調査と称した取組みを善意からではありますが行ったり、ボランティア間のトラブルなど、混乱を招く事態が発生するようになりました。仮設住宅の支援担当職員がその調整に明け暮れる時期もありました。そこで、それぞれのボランティアが思い思いに活動する状態を改めるべく「ボランティア連絡会」を組織し、ボランティア間の調整を図り円滑な活動ができるよう、月一回の連絡会を開催するようになりました。

7　一年が経過　再出発へ

「東加古川団地」での暮らしの中で、新たなつながりや住人相互の交流が見られるようになりました。私たち市社協にとっては、人々のつながりや地域の助け合い活動など、「仮設住宅とは言え短期間でも加古川の地に住んでよかったと思われる街づくりが試されている」ように感じました。市関係者も勿論のこと、関係機関の連携や仮設住宅と近隣住民間の調整など、様々な葛藤もありました。

一年も経過すると「東加古川団地」から神戸の地に戻られる人、他の地域に転居される人と、それぞれ新たな生活に歩み出されるようになりました。それは同時に、多くのボランティアや関係者との別れでもあります。

震災一周年になる一月一七日の同時刻、東加古川団地内のふれあいセンター広場で、住人の方々や関係者、ボランティアなどが集い、犠牲者の冥福を祈りつつ復興を誓い合う集いを催しました。転居先から加古川へ駆けつけた方々は、「加古川の地での人情が忘れなくて来ました」と、再会を喜び合っておられました。私共支援を担う者としても大変うれしく感じた一時でした。「毎年、この地でお会いいましょう」と、沢山の転出の方々と再会を約束して送り出しました。

災害は、いつ、どこで起こるか分かりません。時と場合によっては、尊い命が失われたり、離別があったりもします。しかし、支えあえる人たちもたくさんおられます。阪神・淡路大震災での被災地支援では、多くの関係者やボランティアがその役割を担いました。

東日本大震災や熊本等での地震、豪雨災害など自然災害が続いています。阪神・淡路大震災での経験を思い起こしながら、今後とも自分自身のできる活動に参加したいと思います。

17　災害とセルフヘルプ ―当事者支援の取組みと今後の課題―

元兵庫県社協福祉
事業部主事
後　藤　至　功

1　ひょうごセルフヘルプ支援センターの立ち上げ

自身の半生を振り返る時、この日が人生の分岐点であったと確信できる日があります。私にとってそれは二〇〇〇年（平成一二年）四月二九日でした。この日、兵庫県において「ひょうごセルフヘルプ支援センター」（以下、「当支援センター」）が設立されました。

現在では、セルフヘルプ支援の機能を有する都道府県域を対象とした中間支援組織は一〇か所程度確認されていますが、当時は一九九三年（平成六年）に設立された「大阪セルフヘルプ支援センター」（大阪府）、クリアリングハウス「MUSASHI」（埼玉県）、そして、神奈川県社会福祉協議会が一部その機能を有しているのみでした。まだまだ、セルフヘルプグループ（以下、「ＳＨＧ」）は社会的に認知されているとは言えず、社会福祉協議会においては、「当事者組織」といった呼び方で、介護者家族の会や脳卒中後遺症者の会、ひとり暮らし高齢者の会等の組織化支援に限って行われているのが現状でした。

私はこれまでの自身の経験から、「同じ生きづらさを抱える人」たちが集まり、語り合うということは自身を変革することに加えて、社会を変革することにつながるのではないかという仮説がおぼろげながらにありました。その糸口になるのが、まさにＳＨＧであり、これからの多様化、人権が尊重される社会において重要なファクターになるのではないかと考えていました。大阪セルフヘルプ支援センターにてご一緒させていただいた当支援センター代表の中田智恵海氏との出会いがそれを決定づけることになりました。「ＳＨＧの基本は隣近所の市民に「共に歩きましょう」とゆるやかに訴えていくことにある」（中田 二〇〇一：六四）。こうした考え方に賛同した有志が一九九九年（平成一一年）七月から集い、兵庫県におけるセルフヘルプの中間支援組織立ち上げに向けた検討を始めました。翌二〇〇〇年（平成一二年）に当支援センターが発足し、私は二〇〇九年まで副代表を務めることになりました。そして、この一七年間を振り返った際、当支援センターが社会に対して一石を投じてきたことも少なからずあったと自負しています。

例えば、二〇〇〇年（平成一二年）発足当時、兵庫県内の把握グループ数は約八〇グループでしたが、一〇年後の二〇一〇年（平成二二年）には約三〇〇グループにまで増加しています。当支援センターでは把握したＳＨＧをディレクトリーとして冊子にまとめ、関係各機関・団体に配布し、相談活動等で活用してもらえるようにしました。現在はインターネットの普及により、直接、当事者とSHGがつながる機会は増えましたが、二〇〇〇年（平成一二年）当初はまだまだ情報の入手は難しく、兵庫県内においては貴重な情報源となりました。加えて、セミナーの開催や様々なSHG間のネットワーク形成の機会を設ける等、SHGの社会的認知に大きな貢献を果たしてきたのではないかと考えています。その成果もあってか、社会福祉法成立後の兵庫県地域福祉支援計画において、「Ⅳ今後の取組みの方向：一支え合い助け合う地域づくり」の項で、「④セルフヘルプグループ（自助集団）の活動促進」という文言が明記されました。公的な行政計画にSHGに関する文言が記述された画期的な出来事であったといえます。

2　災害時要援護者の課題

前述の通り、兵庫県社協在職中に当支援センターの運営に携わらせていただく機会を得て、兵庫県社協と当支援センターの協働によるSHGの普及に関する様々な企画を手掛けることができました。二〇〇一年（平成一三年）から始めた「介護者家族交流会」や二〇〇二年（平成一四年）の「地域福祉キャラバン隊～地域福祉を考える市民フォーラム」[1]といった事業は、兵庫県域を対象とした当事者理解を促す当時としては先進的な事業企画でした。

あわせて、私が在職中に携わった業務で特に思い入れの強かった活動・事業として、二〇〇四年（平成一六年）くらいから多発してきた災害に関する支援活動が挙げられます。私自身、一九九五年（平成七年）の阪神・淡路大震災では全壊被災をし、救援・復旧活動の際に身体障がい者や疾患を抱えている方々への支援の必要性を痛感していましたので、特に災害時における要援護者への支援の具体化、仕組み化に関心を寄せていました。

昨今では、二〇一一年（平成二三年）の東日本大震災において、避難所・仮設住宅生活期以降の死亡（震災関連死）は三〇〇〇人を超える結果となっています。そして、実にその九割は六六歳以上の高齢者でした。また、二〇一六年（平成二八年）四月一四日以降に発生した熊本地震でも、自死（自殺）も含めて一五〇人を超える人々が震災関連死(2)と認定されています。

東日本大震災における震災関連死の死因は、震災関連死に関する検討会の報告によると、「避難所生活の肉体・精神的な疲労」（四七％）でした。また、東日本大震災では六割の災害時要援護者が避難所に避難していないことがわかっており、肢体不自由児者 三九％、内部障がいの人では 三〇％、難病患者では 二九％、要介護度 三 以上の人では 二四％が避難できずに被災した自宅での生活を余儀なくされています。

我が国においては、そもそも災害時要援護者は、社会から「守られる存在」という一般認識が前提となっており、災害時における当事者研究に関しては、一部の障がい者団体による研究（認定NPO法人ゆめ風基金による「障がい者市民防災提言集」や社会福祉法人AJU自立の家によるGISを使った災害時要援護者避難支援システムにおける研究等）のみであり、まだまだ成熟しているとは言い難いのが現状です。海外においては、FFMA（アメリカ合衆国連邦緊急事態管理庁）による災害医療システムにおける研究や自助を基盤とした教育・訓練における研究等の中で、当事者による災害対策プログラムに関する実践研究がみられ、災害時や日常の防災において、国レベルで何らかの役割を担うことが模索されている現状がうかがい知れます。

3　当事者が主体となった防災対策の必要性

近年の災害を取り巻く情勢動向を鑑みた時、東日本大震災の教訓を受けて、災害対策基本法が二〇一三年（平成二五年）に改正され、市町村長の責務として、災害時要援護者の名簿を作成し、本人の同意を得た上で消防、民生委員等へ情報提供する旨が追記されました。また、同年、内閣府より「避難行動要支援者の避難行動支援に関する取組指針」が発出され、名簿の作成や具体的な避難行動計画の策定の取組みが進められることとなりました。その他、災害発生時には外部支援の仕組みとして、災害派遣医療チームであるDMAT、JMAT、DPAT等の組織化やDMATの福祉版として、DCAT、DWAT(3)が誕生しました。

このように、災害時要援護者を取り巻く支援環境が整えられているように見受けられますが、一方で、「医療モデル」による災害支援の現場に立ち会うことが少なからずあり、当事者の力や可能性を支援者が奪うことになりはしまいかと危惧することも少なからずあります。発災前までは在宅で元気に暮らしていた高齢者が、震災を機に福祉避難所へ入所することになり心身の機能が低下していったケースや避難所運営において聴覚障がい者が物資搬入を手伝おうとした際に「障がい者はそこに座っていてください」と活動を遮られたケース等、さまざまです。

「当事者にもできることはたくさんある」そのことを立証できないか、ということで二〇一三年（平成二五年）に、京都市社協と佛教大学との共催で「災害とセルフヘルプ」をテーマとした企画を実施いたしました。実際に当事者とともに避難所運営訓練を実施し、当事者にできる役割を振り返るというものでした。この時は、視覚障がい、聴覚障がい、精神障がい、独居高齢者の当事者団体、関係機関に協力をいただき、実施することができました。振り返りでは様々な意見がでましたが、例えば、マッサージの資格を持つ視覚障がい者が被災地において支援活動を行えることや聴覚障がい者も視覚的な情報伝達があれば、被災地におけるボランティア活動は十分可能であるということ等が当事者から提案されました。

その他、ここ数年、当事者を主体とした防災対策の取組みの事例を紹介します。

事例①　独居高齢者の会「パープルフレンズ」の組織化支援（京都市北区）

京都市北区にある紫野学区は人口約七六〇〇名であり、六五歳以上の高齢者は二五四四名（二〇一七年・平成二九年一〇月現在）と全体の三割を占める。織田信長ゆかりの建勲神社をはじめ、紫式部の墓、弁慶の腰掛石等の名跡が数多くあり、近代以降は西陣織の産地として名をはせた地域でもある。近年では織物業の斜陽化により、地域における繋がりが希薄となり、ひきこもりや孤独死等の課題が散見されるに至った。

二〇〇〇年（平成一二年）に、「聞き書きプロジェクト」(4)が実施され、高齢者による文化・歴史の伝承や異世代交流の意義が改めて示される一方で、一人暮らし高齢者は、「社会的つながりをもつ機会が圧倒的に少なくなり、他の高齢者よりも孤立しがちになる」、「身寄りがない方の場合は、いざという時に頼れる存在がいない。そのため、積極的な日常行動を控える傾向にある」、「同居世帯の高齢者とは生活環境の違いにより話がかみ合わないことが多く、サロン等で会話をする際、逆に孤独感を感じてしまう」等、地域での役割や活動場所の縮小、主体となれる機会の減少等、「目減り」する感覚と喪失感を抱きやすい、といった一人暮らし特有の生活課題が挙げられた。

二〇一一年（平成二三年）の東日本大震災を受け、一人暮らし高齢者の孤立が改めて問題とされるようになった。その教訓を踏まえ、防災講座を実施することとしたが人が集まらず、地元の歌をつくるという目標を作り、興味・関心をもった一人暮らし高齢者に声をかけた。当時、二〇名くらいの当事者が集まり、一人暮らし高齢者との対話を重ね、思い出を取りまとめた歌づくりが始まったのである。この時に生まれた曲、「ふるさと紫野」は、後に組織化がなされた一人暮らし高齢者の会「パープルフレンズ」の代名詞となる。この後も、勢いに歯止めはかからず、盆踊りの復活を願って手掛けられた「紫野音頭」、町のアピールを行うために彼らが歌って踊る曲、「紫野サンバ」と続く。もっと皆で集まりたいということで、この頃から「紫野カフェ」が立ち上がり、歌の練習とあわせて彼らの主要な活動となる。

防災に関連していえば、四曲目に手掛けた曲、「防災かぞえ歌」は、災害時の教訓を踏まえた取り組みを皆で考え、歌詞として曲のメロディーに載せている。また、地元で開催される防災訓練でも、一参加者にとどまらず、「出張出前カフェ」として参加された住民にコーヒーを提供する活動や救援物資の配給活動等に参加されるに至った。

※「紫野サンバ」、「防災かぞえ歌」は動画配信サイト「You Tube」で閲覧が可能

事例②　聴覚障がい者団体とともに考える災害対策（宝塚市）

阪神・淡路大震災で大きな被害をうけた宝塚市では、二〇一三年（平成二五年）災害対策基本法の改正を受け、二〇一五年（平成二七年）より災害時要援護者支援制度を実施、民生委員児童委員連合会、自治会連合会、まちづくり協議会等が連携・協働し、取組みを進めている。二〇一七年（平成二九年）、宝塚広域ボランティア連絡委員会では、こうした災害時の取組みを市民レベルで引き上げていこうと宝塚ろうあ協会と宝塚中途難聴者会の協力を得て、当事者とともに考える災害対策の検

討、取組みを実施した。

まず、六月に災害ボランティアセンターの訓練を実施、活動者として聴覚障がい者が参加し、様々な支援活動に取組んだが、当日の振返りでは、「できる限り、イラストでわかりやすく表記する」、「手順をプレートで掲示してもらってわかりやすい」等の意見が挙がった。一〇月には避難所運営訓練を実施、可視化とユニバーサルな避難所に留意しながら対策を検討する機会を設けた。当日は、一六名の聴覚障がい者を含む約七〇人が参加したが、参加した健聴者の市民の多くは、聴覚障がい者と出会ったり、一緒に作業をするための意思疎通を図る経験が初めてであり、戸惑いや混乱する場面も多々見られた。しかし、訓練が進むにつれて、お互いの理解度が進み、何とか伝えようとするお互いの協力があったのも事実で「身振りで伝わる」こと等を実感できたことは大きな成果であった。また、避難所設置・運営にあたっては宝塚市の場合、避難所運営協議会が設置されるが、聴覚障がい者の代表が協議会のメンバーとして参画することが出来たのは一番大きな成果である。

なお、本取組みは一二月の「誰もが安心して過ごせる避難所をめざして～シンポジウムおよび交流会」において報告されている。当日は、聴覚障がい者の団体の他にもアレルギーの子を持つ親の会やＬＧＢＴのグループ、精神障がい者のグループ等、市内のＳＨＧが参加し、それぞれの立場から災害時を想定した課題や可能性を検討できる場を設けることができた。

事例③　鳴滝総合支援学校の防災学習（京都市右京区）

鳴滝総合支援学校は、京都市右京区宇多野小学校区内にあり、学区内にある宇多野小学校とともに地域の指定避難所である。災害時には地域住民の受入を検討する必要があり、また、本校の生徒は市内各地から通学してきているため、発災時には最寄りの指定避難所に避難することになるが、はたして避難所生活に対応できるかが懸念されていたため、二〇一五年（平成二七年）度より、生徒に対しての防災学習プログラムを実施し、宇多野学区、保護者とともに、「自分たちは何ができるか」を模索する取組みが始められた。

授業を展開するにあたっては、以下のねらいを設定し、防災学習プログラム（全四回。一回は五〇分×二コマ）や共通教科での学びを通して習得することとした。

○自助および互助の知識・スキルを身につける
○避難所で過ごすことになったらどうしたら良いかを仲間と共に時間軸、空間軸、関係性（集団の中での役割遂行）の三本柱で考え、主体的に行動できる力をつける
○振り返りによる「言語化」や「対話」によって、学びを確かな「経験」につなげる
○地域の中で役割を担い、人の役に立つという実感を得ることで自己有用感を高める

四回のプログラムでは、自助の取組みを促すとともに、最終的には避難所運営を生徒自身が行うという試みに挑戦し、避難所運営における留意事項や具体的な支援方法等を学ぶ内容とした。生徒に

とっては、災害時にはどんなことが起こるか想定し、どう行動したらいいかを普段から考える契機となり、あわせて、高齢者介護や衛生管理、運搬等、自分たちにもできることが多々あるということに改めて気づき、日々の学習の励みになった。二〇一六年には学区で開催された避難所運営訓練に生徒、教職員が参加、二〇一七年（平成二九年）には、防災学習プログラムを経験した二年生がその前年に被災した熊本県を訪れ、仮設住宅において、日常的に専門教科で学んでいる手浴やハンドマッサージ、車椅子介助、メンテナンス等の活動に従事した。

4　まとめ

これらの取組みを通じて実感とともに明らかとなってきたのは、「要配慮者は守られるだけの存在なのか」ということに対する一定の答えでした。これらの事例に共通する最も重要な点は、「当事者には力がある」という発想です。要援護者と認識されている高齢者や障がい児・者は、社会が勝手に「あなたは守られる存在」というレッテルを与えているだけであり、本来は様々な可能性を秘めた地域福祉人材なのであるということを、私たちは今一度、再認識する必要があります。そして、私たちが検討すべきはそうした彼ら、彼女らが活躍できる場をどのように創出するのかということではないでしょうか。

さらに、京都市北区の事例①では、当事者同士がつながることで、地域の防災力が高まったと同時に地域そのものが彼らの存在により注目を集め、地域活性化につながっています。また、宝塚市の事例②では、防災対策に聴覚障がい者が参加することで、対策や手順自体がユニバーサル化したことがわかります。視覚的な情報提供や丁寧な説明は聴覚障がい者のみならず、様々な課題を有する者にも効果を発することが訓練を通じて明らかとなりました。京都市右京区の事例③に至っては、防災学習を通じて自身の可能性に気づき始めた生徒が熊本地震への支援活動に乗り出すといった新たな展開を見せています。私は、こうした一つひとつの実証こそが、「医療モデル」を「生活モデル」「社会モデル」に転換していける大きな一歩であると確信しています。

注

（1）「介護者家族交流会」は、主に介護者家族のリーダーや支援者、またこれから会を発足しようとする者等が集い、介護者家族会運営のノウハウや情報交換、交流を行うものであったが、これを機に組織化を進めた市町も見られた。二〇〇一年度は、県内三か所で実施している。「地域福祉キャラバン隊～地域福祉を考える市民フォーラム」は社会福祉法の成立、介護保険制度の開始等、大きく福祉情勢が動き始めた中で、地域福祉の推進をどのように図っていくかを考える機会として企画・実施した。県内三か所で実施し、分科会では、「違いを認め合えるあったかいまち」、「寝たきり・認知症の人も朝の目覚めが嬉しいまち」、「安心して子育てができるまち」というテーマを掲げて、検討を行った。共催として、神戸ＹＷＣＡ、兵庫県宅老所・グループホーム・グループハウス連絡会も参画。

（2）東日本大震災を受け、復興庁では「東日本大震災による負傷の悪化などにより死亡し、災害弔慰金の支給等に関する法律に基づき、当該災害弔慰金の支給対象となった者」と定義。避難所における既往症の悪化や仮設住宅等での孤立死等が挙げられる。

（3）ＤＣ（Ｗ）ＡＴは「Disaster Care（Welfare）Assistance Team」の略。災害派遣福祉チームと呼ばれ、避難所等を巡回しながら、専門知識を生かして要配慮者の支援にあたる。

（4）林野庁によって実施されていた「聞き書き甲子園」（全国から選ばれた一〇〇人の高校生が、森・川・海の名人を訪ね、一対一で、その知恵や技《わざ》、ものの考え方や生き方を「聞き書き」し、その成果を発信する活動）を参考に高齢者の聞き書きとして実施した。

【引用・参考文献】

・地域福祉活動研究一八・二〇〇一、兵庫県社協
・平成二三年度厚生労働省老人保健事業推進費等補助金老人保健健康増進等事業「震災における要援護者支援のあり方に関する調査研究事業」報告書、二〇一二、特定非営利活動法人全国コミュニティライフサポートセンター
・佛教大学福祉教育開発センター紀要、二〇一四・二〇一五・二〇一六、佛教大学
・地域と共に進めるキャリア発達支援、二〇一七、ジアース教育新社

18　地域福祉推進計画（社協発展計画）と社協活動の推進

―三七年間の社協での地域福祉実践を振り返って―

元宍粟市社協事務局長
山本正幸

はじめに

私は、一九七九年（昭和五四年）一〇月一日に合併前の宍粟郡一宮町（以下「一宮町」）社会福祉協議会に入局して以来、二〇一六年（平成二八年）三月三一日の定年退職まで約三七年間にわたり、社会福祉協議会（以下「社協」）一筋で地域福祉の推進と住民主体の福祉のまちづくりに取組んできました。

私の社協人生は、大げさですが一九九五年（平成七年）の阪神・淡路大震災、二〇〇〇年（平成一二年）の介護保険制度開始、二〇〇五年（平成一七年）の市町社協合併という三つの大波をくぐってきたこと。また、二〇〇九年（平成二一年）の兵庫県西北部豪雨災害で被災し、無我夢中で災害ボランティアセンターを立ち上げ、被災者支援を行ったこと。さらには二〇一一年（平成二三年）の東日本大震災とそれ以後の大災害被災地支援に関わったことが特筆すべきことです。そして、何よりも社協入局以来、毎月発行にこだわってきた社協広報『社協いちのみや』（合併後は『こんにちは社協です！』）の発行です。社協広報の毎月発行は、入局した一九七九年（昭和五四年）一〇月のその月から取組み、現在もこの活動は後輩の宍粟市社協の職員に引き継がれ、毎月発行されています。この休刊を許さない継続した広報発行の取組みは、我がまちの社協活動を発展させるとともに、住民主体のコミュニティソーシャルワークの礎となったと考えます。宍粟市社協の発展は、この毎月発行にこだわった広報発行にあると言っても過言ではありません。

本稿は、私が関わった社協活動を振り返りながら、それを支えた社協発展計画（地域福祉推進計画）づくりとそれに基づく地域福祉実践についてまとめました。

1　在宅福祉を重点化した県社協発展計画にこだわった取組み

私が宍粟郡一宮町社協に入局した一九七九年（昭和五四年）は、折しも全国社会福祉協議会

（以下「全社協」）が「在宅福祉サービスの戦略」を発刊した年であり、兵庫県社協でも「在宅福祉サービスを県内すべての社協で始めよう」「こうすればできる老人給食」「こうすればできる入浴福祉サービス」といった推進策をまとめたパンフレットが次々と発行された時期でした。これは、兵庫県社協第三次発展計画（一九七九～一九八一年）の初年度であり、その中心は「地域福祉・在宅福祉」の推進でした。

当時の兵庫県社協地域福祉部長の澤田清方氏（一九三九～二〇一二年）は、その著書『在宅福祉　社協サイドのアプローチ』で、当時のことを詳しく、そしてわかりやすく記述しておられます。『ともかくも地域福祉・在宅福祉を構築することを社協活動の目標として打ち出した第三次市区町社協発展計画はスタートした。少なからぬ社協がそれぞれの力と問題意識の程度に応じて、給食や入浴のサービスなど取組みやすいところから活動を開始していった。（中略）たった月一回あるいは週一回の給食や入浴サービスに対する反応は驚きと感激の連続であったのである。「やってよかった、こんなに喜ばれるとは」という気持ちが、最も素朴な社協活動の原点となるのは間違いないところである』という記述にあるように、当時は、この兵庫県社協の発展計画と在宅福祉推進の方針により、兵庫県内の社協は、給食サービスや入浴サービスを地域の個別ニーズに基づき開発し、多くの市民に喜びと共に受け入れられたわけです。

今となっては、当然の福祉サービスです。入浴サービスに至っては介護保険のサービスメニューとして位置づけられているわけですが、四〇年前では、個別ニーズに基づく在宅福祉サービスの実践を地域住民のボランティア発掘も含め、少しずつですが展開していったのが兵庫県内の市町社協でした。こうした実践が、社協の存在価値を高めたものでした。澤田氏のこの著書は、四〇年後の今でも十分活用できるものであり、地域福祉推進を担う現在の若手社協ワーカーのみなさんにぜひ読んでほしい一冊です。

さて、こうした情勢の中、一宮町社協も県社協方針に基づき、遅ればせながら一九八六年（昭和六一年）に第一次社協発展計画を策定しました。この計画書の作成に初めてワープロを使用したのを思い出します。当時は、B五の用紙に手書きでやっていましたが、これをワープロで活字化し、印刷されたものを見た時の感激は今も忘れることができません。この計画に基づき、一九八七年（昭和六二年）二月には、月一回ですが、調理、配送、配食の三分野のボランティアを発掘し、兵庫県で二番目に広い一宮町での給食サービスを開始しました。これは、「一宮町社協第一次発展計画」にこだわった成果です。

この給食サービスが、現在では紆余曲折はありますが、宍粟市社協合併を経て、週一回から週二回の昼食や夕食の配食サービスとして支援の必要な高齢者や障がいのある方々の生活を支え、安否確認も兼ねた社協の看板福祉サービスとして発展しています。

また、入浴サービスは一九八〇年（昭和五五年）にポータブル簡易入浴槽を商工会青年部から寄贈いただいたことを契機に、自宅の風呂の湯を使用する浴槽貸出方式の入浴サービスを実施しましたが利用が進みませんでした。入浴ニーズがあるにもかかわらずなぜか利用が進みませんでした。おそらく当事者家族の世間体や澤田氏が当時指摘された『ニーズが消失する』ことが原因ではなかったかと思います。その後、入浴サービスの実施場面のスライドを作製し、自治会の住民座談会で説明したところ、入浴ニーズの発掘につながり、さらにホームヘルパーによる当事者へのサービス利用のすすめなどにより、訪問型の入浴サービスがカタチとなりました。第一次計画策定時の一九八六年（昭和六一年）でした。その後、二四時間テレビからの入浴サービス車の寄贈もあり、週一回の本格的な訪問入浴サービスとなりました。

一宮町では、全社協の「在宅福祉サービスの戦略」発刊や兵庫県社協の在宅福祉を重点化した第三次兵庫県社協発展計画の方針提起から約十年を経て、ようやく在宅福祉サービスという形に到達したわけです。これは、いわゆる『制度化されていない各種の在宅サービス』が「制度化」されていった歴史でもあります。

その他、一宮町内全地域での福祉委員設置と小地域福祉活動は一九九一年（平成三年）度から、社協の拠点構想として位置づけた一宮町保健福祉センター建設とデイサービス事業が一九九五年（平成七年）度からの開始でした。これらの活動は、すべて県社協の市町社協発展計画による方針を受け、一宮町社協において地域特性を踏まえた発展計画（地域福祉推進計画）を策定し、この計画に基づいた実践の成果でもありました。

2　兵庫県内社協の発展を支えた発展計画方式

二〇〇九年（平成二一年）までの兵庫県内社協の活動は、この発展計画（後の地域福祉推進計画）により推進されてきました。

兵庫県社協における発展計画方式の歴史は、一九七一年（昭和四六年）から始まります。この年は、社協創立二〇周年であり、それに伴い、「市区町社協第一次発展計画」（五カ年計画）を策定しました。この第一次市町社協発展計画は、社協活動の計画化の基礎となったものであり、㈠重点目標の設定　㈡組織体制の整備　㈢財政の強化を図るという三つの目標を設定したものです。『兵庫県社協五十年史』では、「この発展計画は、新しい社協活動のスタイルと計画的実施、組織・財政課題を含めた総合的な方針提起として、県内の社協活動に大きな影響を与えるものでした」との記述があります。

続いて第二次発展計画（一九七六年（昭和五一年）から三カ年計画）、第三次発展計画（一九七九年（昭和五四年）から三カ年計画）と続き、二〇〇九年（平成二一年）の第九次地域福祉推進計画（ささまち四）を境に方針修正がなされ、長年、兵庫県内社協の指針書としての役割を持った

「発展計画方式」は、この時期をもって終了となっています。

兵庫県社協では、この「発展計画」の呼称について、市町行政の福祉計画づくりが明確になったことを受け、第六次計画（一九九一年（平成三年））より、この計画を住民・民間サイドから地域福祉を充実させる取組みとして位置づけ直し、副題を「ささえあうまちづくり推進プラン（略称「ささまち」）とするとともに、第八次計画より「発展計画」を「地域福祉推進計画」に名称変更しています。

この発展計画方式路線の変更は、二〇一〇年（平成二二年）から始まった兵庫県社協の「社協のあり方研究会」での議論が発端です。同研究会は、二〇一〇年（平成二二年）度は準備会として、翌年の二〇一一年（平成二三年）度に研究会、そして、その翌年「社協マネジメント研究会」に移行され、文字通り社協と地域福祉のマネジメントのあり方について研究されたものです。

この研究会では、新たな考え方としての社協のマネジメントや地域福祉のマネジメントの必要性が問われる中、時代の流れも早く、少子高齢化と過疎化、人口減少、介護保険事業や障がい者支援事業などが大きく変化し、市町社協合併を経験した合併社協と合併しなかった社協、都市部と郡部域の社協など、あらためてそれぞれの社協が変化する地域状況の中で地域福祉推進方策を模索する時期となったこともあり、兵庫県社協の県内市町社協育成支援計画であった「市町社協地域福祉推進計画（発展計画）」だけでは、乗り切れなくなったことが指摘されました。このことは、「ささまち四」の後続計画としての新しい指針書を県社協が十分示しきれないということも一因ですが、何よりも個々の市町社協が独自の地域課題への対応や社協のマネジメントをどのように行うかということが問われた時期であり、発展計画方式の変更はやむを得ない状況でもあったと言えます。

3　一宮町社協と宍粟市社協の地域福祉推進計画と社会福祉大会

社協に勤務した三七年間で、私は七つの地域福祉推進計画を策定しました。合併前の一宮町社協で四計画（第一次計画から第四次計画まで）。合併後の宍粟市社協で三計画（第一次計画から第三次計画まで）です。（宍粟市社協の第三次計画は、定年退職後、二〇一六年（平成二八年）五月に最終のまとめが行われ成案となりました）。

この七つの計画を策定し、これに基づく活動を進めてきたわけですが、今振り返るとどの計画もその時々の社協をとりまく状況を踏まえているのはもちろんですが、それぞれの計画は、私も含め関わった職員の力量と社協発展度に比例していると言えます。最も印象に残っているのは、一宮町社協時代の第三次計画です。計画策定には、毎回その計画の「目玉的存在」が必要です。

とくにこの第三次計画の策定時期は、一宮町の行政側で新たな地域福祉拠点構想が発表されようとしている時でしたので、これに先駆けて社協の側から提案できる社協らしい地域福祉拠点構想を出さねばならないと考える日々でした。ちょうどその時、時宜を得た指導をいただいたのが藤井博志氏でした。当時、彼は兵庫県社協の地域福祉部参事でした。第三次計画の目玉について、また社協らしい地域福祉拠点構想について悩んでいることを県社協へ行って相談すると彼は的確な提案をしてくれました。

この提案は、一宮南中学校区で建設される予定の保健福祉センターにおいて、社協運営のデイサービス事業を展開することとここに社協の拠点を置くこと。また、これを核として、一宮北中学校区での保健福祉センターづくりや地域ミニデイサービスセンター事業の実施、診療所や在宅福祉サービスステーションづくりを行うというものでした。この構想は同計画において、「二一世紀の一宮町福祉システム基本構想」と名付けられ、社協として胸をはって住民や行政に提案できる内容でした。この時の彼の提案があって、現宍粟市社協の拠点が存在しているのだとつくづく思います。宍粟市社協の本部がある一宮保健福祉センター「やすらぎ」は、ここにその原点があります。

また、計画策定を行う中でその計画に基づく実践を「議論中心の社会福祉大会」（合併後は「地域福祉のつどい」）において行ってきました。これは、毎年開催が大変であることから二年に一回開催する形をとってきました。議論中心の社会福祉大会は、もともと兵庫県社協が毎年行ってきたものですが、二〇〇〇年（平成一二年）以降は、残念ながら一日の大会となり表彰中心のものに変わったことは残念でした。一宮町社協ではこの議論中心の福祉大会を継続して行い、その内容も当事者や住民が体験や実践発表を行うというものでした。在宅福祉サービスが市民権を得るまでの間は、サービス利用家族や当事者にその体験や実践を発表していただくことを重ねてきましたが、これを行うには発表をお願いする方への相当な説得と依頼を受けたご本人、家族の思い切った決断がありました。このような取組みの中から多くのすばらしい実践や体験発表を聴くことができました。大会が終わった数日後、多くの住民から「とてもいい大会だった」「感動し涙があふれた」「社協の考え方が理解できた」「もっとボランティアをしないといけない」などの声が寄せられ、地域福祉推進と社協活動にとって大きな力になるものでした。一九八九年（平成元年）四月に導入された消費税三パーセントについて、この前年の社会福祉大会でその是非について参加者から意見が出され議論されたことがありましたが、政治情勢とも大きく関わった福祉大会を開催してきたのも事実です。

毎回の社会福祉大会では、その時々の地域福祉推進計画の推進目標にそって、次の大会までの実践課題を掲げた「大会宣言案」を採択することを行ってきました。この宣言案の起案は私が中心に関わった作業ですが、毎回案文を作成した後、県社協地域福祉部に相談しアドバイスをいただき、最終案をさらに練り、完成したものを会長決裁にあげ宣言案とし、それを大会直前の理事会にかけて理事全員が共有する中で社会福祉大会に提案する形をとってきました。これによりその時々の目標や課題が明確になり、次の大会で前回大会からの進捗状況を確認する作業ができるなど、地域福祉推進計画の進行管理を兼ねるものでもありました。

社協合併後の「計画策定」と「地域福祉のつどい」は、一段とハイレベルなものになりました。計画策定委員会委員長には学識経験者を招聘し、一次計画では成田直志先生、二次計画では藤井博志先生、そして三次計画は松澤賢治先生という地域福祉研究の第一線で活躍されている先生方にお願いし策定してきました。また、この計画策定後の「地域福祉のつどい」については、策定委員長を講師に招き、策定した計画の内容説明と計画の推進目標に掲げた項目の実践報告を関係者が行うなど住民への計画内容の説明と実践報告を重ねてきました。この「つどい」はこれまで六回開催し、それぞれ大きな役割を果たしていきました。

おわりに

私が新任の頃に大きく影響を大きく受けた方、お二人を最後に紹介しておきます。

一人は、入局当時の新任職員研修で、講師を務めていただいた龍野市社協（当時）の徳力芙美子氏です。徳力氏は、新任の私たちを前にして「大切なことはいろいろありますが、私が強調したいのは、県社協をうまく使うことです」と教示いただいたことが今も忘れられません。私は、この徳力さんの言葉をそのとおり実践してきました。「県社協をうまく使うとはどういうことか?」これを自問自答しながら、「わからないことは何でも県社協に聞いてみよう」と考え、新任の頃はそのとおり実践したものです。おかげで、県社協の多くのみなさんと親しくなり、人脈のネットワークも広がり、アドバイスやご指導をたくさんいただきました。今の私が在るのも徳力氏のあの時の「言葉」のおかげでもあります。

もう一人は、冒頭紹介した澤田清方氏です。澤田氏が県社協の地域福祉部長時代のこと。年に数回、県内社協職員研修会が一泊二日の日程で開催されていました。二日目の最後に澤田氏が研修のまとめと行動提起をされるのが常でした。私は、この澤田氏のまとめを「ドキドキワクワクしながら」聞くのが楽しみでした。氏の話には何かキラリと光るものがあり、社協活動への夢と希望を抱かせるものでした。

私が澤田氏の研修で経験した「ドキドキワクワクしながら社協実践に夢と希望を抱くような研修会」が、今、社協職員間であるでしょうか。私は、現役のみなさんにそういう研修や研究活動をぜひとも実践してほしいし、創造してほしいと願います。きびしさとしんどさだけが残る社協活動ではなく、地域住民と共に地域福祉の明日を語りながら新しい地域づくりを進める、市町村社協で働くことにやりがいと生きがいが持てるような社協づくりを期待します。

【参考文献】

『在宅福祉―社協サイドのアプローチ』澤田清方著ミネルヴァ書房　一九八八年発行
『地域福祉の歩みⅢ』（兵庫県社協五〇年史）二〇〇一年発行
『「気づきを築く場」の運営手法　社協マネジメントノート』（平成二四年度社協マネジメント研究会報告書）兵庫県社協　二〇一三年発行

19　社会福祉協議会における権利擁護活動の展望

元兵庫県社協権利擁護センター所長
手島　洋

はじめに

権利擁護は、生存権保障を中心とした社会福祉援助における重要な考えのひとつとして長く理解されてきました。この権利擁護が社会福祉政策においてクローズアップされることになったのは、社会福祉基礎構造改革によってでした。それは、社会福祉の制度がサービス提供者と利用者との利用契約に基づく制度へと転換する上で、すべての利用者が契約主体者として成り立つための必要条件として着目されたためでした。

社会福祉基礎構造改革によって権利擁護を目的とした事業が生み出されるなか、その実施主体として大きな役割を期待されたのが社会福祉協議会（以下「社協」）でした。社協は、地域の組織化や運動推進機能を中心とした役割を担ってきましたが、その後、在宅福祉サービスの実施など福祉当事者の個別支援の役割も広く担うようになり二〇年近くを経て社会福祉基礎構造改革を迎えることになりました。福祉課題を抱える地域住民の暮らしが複雑・多様化してきた今日、社協が地域住民の福祉課題の解決に直接関わっていくことは、重要な役割として期待されています。

本稿では、権利擁護に関する事業を行う社協が、地域福祉の総合推進主体として権利擁護の事業を担うことについて、権利擁護事業の趣旨に照らして、社協が地域住民の権利擁護を担うことをどう評価し、今後の展望をどう見据えるのかについて検証します。

1　社協による権利擁護活動の到達点

権利擁護とは、判断能力が低下した者の権利保障や本人の権利行使の支援を行うこと（河野正輝一九九一）や、本人の持つ権利の理解から権利行使を阻むことの除去までの力を引き出し育む支援とすること（北野誠一二〇一五）など、多様にとらえられていますが、人々の人権が何らかの理由で護られていない状況を改善するためにその理由を明らかにし、権利が護られるよう本人や社会に働きかける取組みの全体をさすこと、と言えます。このような趣旨で実施されている権利擁護の事業のなかで、市町村や都道府県の社協が実施するものには以下のようなものがあります。

（１）判断能力の低下者への権利擁護

社協が実施する権利擁護の事業で、判断能力の低下した人を対象に契約型福祉制度の利用環境を保障しようとする事業として、日常生活自立支援事業や、成年後見制度が推進する取組み、運営適正化委員会の設置も含めた苦情解決の取組みなどがあります。

日常生活自立支援事業は、一九九九年（平成一一年）一〇月に厚生労働省の補助事業として全国の都道府県社協（平成一五年度からは政令指定都市社協も加わる）が実施する地域福祉権利擁護事業としてスタートし（二〇〇七年（平成一九年）度に現名称に改称）、一八年間で延約一三五万人以上が利用してきた事業です。今日、日常生活自立支援事業は、事業の対象者である判断能力に不安のある高齢者や障がい者の福祉サービス利用支援や日常金銭管理を行う事業として定着してきており、特に日常金銭管理をメニューを持つ事業として他に例のない固有の役割を担っています。

判断能力が低下した人々の法律行為や財産管理の同意・代理を行う成年後見制度を推進する取組みでは、地域住民に対してこの制度の広報や相談を行うことのほかに、自ら法人として後見人を担う法人後見の実施や、親族でも専門職でもない第三者の非専門職として後見人を担う人を養成する市民後見人養成・支援の取組みもあります。実際に親族を除いた第三者として後見人を担っている人の割合の中で、法人後見は三・六％、市民後見が一・一％を占め、法人後見のうちの四一・六％を市町村社協が担っています（最高裁判所事務総局家庭局二〇一七）。また、市民後見人を養成・支援する主体としても市町村社協の役割は大きいと言えます。

苦情解決は、契約型福祉制度に移行したことで利用者への苦情対応の仕組みづくりが福祉サービス事業者にとって必須となると同時に、さらに都道府県レベルでの苦情対応を進める組織として運営適正化委員会が都道府県社協の事業として取組まれています。運営適正化委員会による苦情受付件数は、二〇〇〇年（平成一二年）～二〇〇三年（平成一五年）度に約二三〇〇件／年まで増加、二〇一〇年（平成二二年）度までは二五〇〇件前後／年で横ばい、二〇一一年（平成二三年）度から再び増加、二〇一四年（平成二六年）度には三八九一件／年まで増加しています（全国社協二〇一五）。このように、判断能力の低下した人を対象とした事業や契約型福祉制度の下で利用者を支援する事業では、社協は大きな役割を発揮しています。

（2）生きる権利が脅かされる人への権利擁護

また、介護や福祉サービスなどの狭い意味での福祉課題に限らず、労働や住まいなど経済的な困窮を中心に、広い意味での生活困窮の課題に直面する人に総合的に対応する生活困窮者自立支援制度への対応も、市町村社協が当該行政と協働して中心的な役割を担う機会が多くなっています。

日本の法制度では従来から社会保障・社会福祉制度の中に含めて考えられることが少なかった障がいや高齢以外の国民に対する住居確保や就労支援ですが、生活困窮者を対象に個別的な支援を総合的に行う施策として、生活困窮者自立支援制度が創設されています。この制度は制度間や組織間の連携や協働を積極的に進めるため、画期的な対象設定と支援方法で、協議体組織としての市町村社協の機能を十分に発揮できるものです。

このように、権利擁護に関する法制度の実施や活動の展開は今日の市町村社協にとって、実に多様で広範、かつ、中心的な機能として定着しつつあると言えます。

2　社協の理念と権利擁護の理念

(1)　社協の理念と権利擁護

このような権利擁護の取組みは、社協にとってどのような意義があるのでしょうか。社会福祉法において地域福祉の総合推進組織として位置付けられている社協の理念は、新・社会福祉協議会基本要項の社会福祉協議会の性格の中で『住民主体の理念に基づき、地域の福祉課題の解決に取組み、誰もが安心して暮らすことのできる地域福祉の実現』と示されているとおり、住み慣れた地域においてすべての人々が安心して暮らせる地域社会の実現にあります。その意味でも、地域住民が地域生活の中で権利侵害から解放され、権利を護られ、また権利主体として成長を育まれる権利擁護の営みは社協にとって重要な取組みです。

その上で、ポイントの一つ目は、地域福祉の総合推進機関である社協には、地域で社会福祉の専門的な援助を行う組織の基本的な役割に、地域住民の権利擁護を図ることがそもそも含まれているということがあげられます。二つ目には、協議体組織としての特性を活かし、地域住民の権利擁護に関わる専門職や非専門職の協働の場を組織化することがあげられます。三つ目には、権利擁護の考えが根付いた福祉コミュニティを形成することで、権利侵害を受けている人々への偏見や差別意識への地域住民の気づきを促し、誰もが安心して暮らせる地域づくりを進めることです。

(2)　権利擁護の理念と社協

権利擁護の理念は、どのようなものでしょうか。権利擁護の全般に共通する理念は、必ずしも定かとはいえませんが、成年後見制度が旧制度の禁治産制度から改正される際に示された理念が参考になります。成年後見制度の理念は、㊀ノーマライゼーションの理念、㊁自己決定の尊重、㊂身上配慮の重視、の三点でした。

成年後見制度の理念は、ノーマライゼーションの理念や自己決定の尊重など、もともと社会福祉援助への親和性が高く、判断能力の低下した方への援助でありながら最大限可能な自己決定の尊重を求めている点や、人々の差異を認め合い誰もが住みやすい社会を形成する理念であるノーマライゼーションを用いている点など人々の権利擁護を図るうえで、社会福祉の援助が大きな役割を果たすことができると考えられました。

福祉コミュニティを推進する社協は、ノーマライゼーションの理念に基づく差別や権利侵害のないコミュニティ形成が社協の理念とも合致するものです。社協が地域住民の権利擁護を図る取組みを進めることは、地域福祉の総合推進組織として必要なことであると言えます。

3　今後、社協に求められる権利擁護の取組み

これからの社協に求められる権利擁護の取組みについて、課題提起として二点を示しておきたいと思います。

(1)　権利擁護の質を問う

一つめは、権利擁護の〝質〟を高めることです。現在、社協が行う主として法制度に基づいた権利擁護の事業では、権利擁護ニーズを持つ人々に対し多様な援助が展開されています。市町

村社協の限られた職員体制の中、潜在的なニーズにはまだ手が届いていない現状ですが、援助の〝質〟の評価については十分にされているとは言い難い状況にあります。

成年後見制度の改正から一〇年を経た二〇一〇年（平成二二年）に横浜市で開催された成年後見法世界会議にて採択された『横浜宣言』は、前述の成年後見制度の理念に対して実際の成年後見制度が乖離していることを指摘しており、多くの検討材料を私たちに与えてくれるものです。

この横浜宣言で触れられている課題は、㊀専門家による鑑定を省略せずに実施すること、㊁代理権の設定をできるだけ最低限にすること、㊂任意後見制度の利用を促進することなど、成年後見制度という権利擁護の支援を受ける本人が最小限の権利制限のもとで最大限の自己決定の機会を保障されることを徹底する内容となっています。

日常生活自立支援事業や、法人後見による成年後見制度などの権利擁護の事業を担う社協は、この横浜宣言で示された『権利擁護の支援を受ける本人への自己決定の制限を最低限にする』という考えに照らし、現在支援をしている人びとのひとつひとつの支援が果たして適切なのか検証する機会を持てているのでしょうか。ややもすれば、本人に関わる家族や専門職が判断した意向が最優先の支援になっていないか、権利擁護の理念を反映した支援の〝質〟を日常的に問うていくことが必要ではないでしょうか。さらに、支援の質を問う取組みを社協以外の権利擁護を担う人々への支援でも浸透させせいくことが重要です。

(2) 市町村権利擁護センターの設置

二つ目は、権利擁護の取組みの協働を促進し、総合化を推進するための市町村権利擁護センターを市町村社協として設置することです。法制度による様々な権利擁護の事業は、多くが市町村社協に対する補助事業や委託事業として行われています。

補助事業や委託事業の職員は、その事業のための職員として配置されることが多いのですが、実際のニーズへの対応では様々な事業が複合的に関わることが必要とされるため、市町村社協の中でいかに業務の協働を図るかが重要となります。

また、社協以外の権利擁護を担う専門職や非専門職との協働も必要で、これら協働の場づくりが重要となります。この他にも、権利擁護に関する総合相談、成年後見制度の利用支援・利用活性化、権利擁護の理念が浸透した福祉コミュニティづくりの機能を持った権利擁護セン

別表　市町村権利擁護センターの機能

㈠市民・専門職等から総合的・予防的な権利擁護相談を受ける「権利擁護相談機能」
㈡複雑な課題を関係者が協働する個別ネットワークの場づくりや権利擁護機関・関係者間の広域ネットワークの協働基盤形成「ネットワーク機能」
㈢成年後見制度の利用支援・後見人の支援「成年後見制度推進機能」
㈣市民後見人の養成・活動支援「市民後見人養成・支援機能」
㈤権利侵害を予防するための地域づくり「福祉コミュニティ形成機能」

ターの設置、これらを総合的に進めることがこれからの市町村社協には必要です。

判断能力が低下した人への権利擁護を図る事業や契約主体としての利用者を支援する事業を相互に関係づけて展開するための組織として「権利擁護センター」を設置する市町村社協もすでに出てきています。これからの市町村権利擁護センターには、前頁の別表に示す機能が必要と考えられます。近年、一部の市町村社協や市町村行政、社会福祉法人、特定非営利活動法人などでも市町村権利擁護センターを設置するところが増加していますが、機能は相談機能と成年後見制度利用支援機能に留まるものが多いのが実情です。今後は、より広範な機能を有した市町村権利擁護センターが求められますが、それらの機能は市町村社協の持つ地域福祉の総合推進機関としての役割や協議会組織としての特性を活かすことによって有効に機能するものと考えられます。

おわりに

社協は、住民主体の原則による地域福祉活動を推進する組織として常に地域住民の抱える課題を把握し、その解決のために多様な役割を発揮することが求められる組織です。その意味では、近年ますます重要になってきた地域住民の権利擁護の課題に対して、社協が主導的に対応することが必要でしょう。

この小論では、社協の権利擁護の取組みの到達点と展望について検証しましたが、ここで取り上げたこと以外にも、福祉サービス利用者としての主体形成の課題や権利侵害を排除する福祉コミュニティづくりなどをどのように進めるかなどは課題として残されています。これらについては、また別の機会に検討が必要です。

【参考文献】

河野正輝著「社会福祉の権利構造」有斐閣、一九九一年発行
北野誠一著「ケアからエンパワーメントへ～人を支援することは意思決定を支援すること～」ミネルヴァ書房、二〇一五年発行
「成年後見関係事件の概況～平成二八年一月～一二月～」最高裁判所事務総局家庭局、二〇一七年発行
全国社会福祉協議会「平成二十六年度都道府県運営適正化委員会事業苦情受付・解決の状況」、二一〇五年発行
「成年後見制度に関する横浜宣言」二〇一〇年成年後見法世界会議

第４章　民間性の確立をめざして

20　災害支援活動に果たす社協の役割

元兵庫県社協事務局次長
小　林　茂

災害ボランティアセンターだけが社協の役割ではない

災害時の社協の役割が〝災害ボランティアセンター（以下、「災害ＶＣ」という）〟というイメージが持たれたのはいつからでしょうか。その始まりは阪神・淡路大震災（一九九五年（平成七年）一月一七日発災）時に多数の市民が被災地でボランティア活動をし[1]、そのコーディネーターの一端を被災地社協ボランティアセンターが担ったことからと言われています[2]。しかし当時の社協関係記録を見ても、被災地社協は災害ＶＣだけでなく避難所運営、在宅福祉サービスの再開、小口資金貸付業務、在宅要支援者への救援物資配布活動など多岐に亘っています。

ここでは、阪神・淡路大震災以降の社協による多岐にわたる災害支援活動の事例を踏まえ、災害時の社協の役割について、考察していきたいと思います。

１　被災地社協の役割

（１）被災地の福祉復興の当事者としての「覚悟」を持つ

災害直後、社協役職員も被災者となります。故郷の無残な姿、自身の被害（自宅損壊、家族の喪失等）等により、強いショック状態に陥り、今何をすべきかの思考が一時停止してしまうことがあります。

東日本大震災（二〇一一年平成二三年）三月一一日発災）直後に被災地を訪ねた時、家族も家も失い、茫然自失になった職員の姿を見たとき、言葉を失ったことを思い出します。それでも彼らは故郷の復興に向けて立ち上がります。それは傷ついた故郷で生き続けていく住民の覚悟、地域の福祉を守っていく社協の覚悟から来るものです。被災地の復興は被災者、被災社協の当事者としての「覚悟」があってこそ、成し遂げることができるのです。

(2) ショック期（被災直後）に〝寄り添う〟県社協、近隣社協の役割

災害直後のショックを経て、被災地社協が「復興の当事者である」と覚悟するのは容易なことではありません。兵庫県社協では、県内で災害が起きれば二日以内には被災地社協を訪れます。それは早期支援体制を組むためだけでなく、被災ショックに陥っている社協に寄り添うためでもあります。

この時期の〝寄り添い〟の重要性を教えてくれたのが、二〇〇四年（平成一六年）一〇月台風二三号水害での美方郡内（現・香美町、新温泉町）の社協の行動です。彼らは甚大な被害を被った隣接・豊岡市社協に被災直後から駆けつけました。行政やＮＰＯが多く出入りし、一種の混沌とした最中、美方郡内の社協は常に豊岡市社協に寄り添い続けました。彼らこそ、同じ但馬の社協として、被災住民や豊岡市社協の苦悩が共感できる唯一の存在だったかもしれません。当時の豊岡市社協事務局長の「美方郡内の社協職員の存在がどれだけ心強く、安心したか」の言葉は、共感できる存在の大切さを教えてくれます。

この役割を果たせるのは地元の県社協、近隣社協しかできません。だからこそ地元の都道府県社協は一日も早く被災地に赴く必要があるのです。

(3) 被災直後、被災地社協にしかできない役割

被災直後から被災地社協は業務過重になります。避難所の対応、地元行政との調整、ボランティアやＮＰＯの対応など目まぐるしい時を過ごします。その忙しさに〝被災地社協しかできない〟の役割を見失いそうになることもあります。そこで、被災地直後、被災地社協しかできない役割を以下の六点に整理しながら確認していきたいと思います。

① 住民、要支援者の被害状況の把握と緊急対応

「要支援者の被害状況の把握」は大規模災害になると意外と難しいものです。それは社協職員も被災者となり、職務に就けない職員が出る等人手不足に加え、事業所内の被害確認と復旧に追われるためです。それでも前述の台風二三号水害時に但東町社協（現・豊岡市社協）のホームヘルパーによる被災直後の安否確認や、二〇〇九年（平成二一年）八月の台風九号水害における宍粟市社協の被災地巡回踏査等、兵庫県内の社協は災害時の要援護者の状況把握に努めてきました。また、阪神・淡路大震災時に各地で見られたように民生委員による要支援者の安否確認が行われました。

② 社協のサービス部門の再開

このような要支援者の被害状況把握は、先ほど記載した〝寄り添い〟効果だけでなく、要支援者の被災ニーズに応じた支援を可能にします。そして、そのニーズに応えるためにも社協のサービス部門の再開は急がれます。阪神・淡路大震災の時も、その後の兵庫県内の水害時でも、県内の社協は災害ＶＣだけでなく、サービス部門の再開にも力を注いでいました。

この当たり前の行動が、東日本大震災では行えなかった社協もありました。事情を考慮せず批判するのは慎むべきですが、東日本大震災直後、社協のホームヘルプ業務を一時休業し、ヘルパーを災害ＶＣスタッフとして受付業務を行っている社協を見たとき、驚愕しました。その理由を当該社協事務局に尋ねると「行政や外部支援機関から災害ＶＣを優先してくれ、と強く要請されたから」と答えが返ってきました。これが本当であれば本末転倒な話であり、外部支援機関が被災地社協の役割を奪った行為だと言えるでしょう。

③ 被災地社協の役員会の開催 ― 社協の意思決定機能の早期再開 ―

被災地社協に役員会の早期開催を要望することは、災害ＶＣ優先を要望するのと同じに見えるかもしれません。役員も被災者であり、時に役員会に諮るべき資料作成が困難な状況の中、事務局に必要以上の負担を強いるようにも見えます。東日本大震災の被災県行政では、役員会（理事会・評議員会）が開催困難な社会福祉法人に対しては開催延期を事実上承認しました。四月に入ると厚生労働省も追認する事務連絡を発しています。(3) これらの措置は、被災地では当然と受け止め、役員会開催を被災後三カ月以上開催しない社協もありました。

それでも筆者は役員会を早期に開催すべきと考えます。災害直後の役員会は、住民協議体である社協が〝災害時にどのように立ち向かうか〟を意思決定し、表明するものです。組織決定をするか否かによって、その後の社協の動きは違ってきます。また、住民、関係者との協働の仕方も違ってきます。この意思表明をする役員会は、災害の規模が大きければ大きいほど、その意義は高いと言えるのではないでしょうか。

それを証明したのは宮城県岩沼市社協でした。岩沼市社協は東日本大震災の約二週間後の三月末に理事会、評議員会を開催しました。これは東北三県で津波被害があった社協が三月に役員会開催した唯一の事例です。当時の社事務局に迷いもありましたが、社協としての復興活動を含めた事業計画、予算、臨時事務局体制を決議すべきと、開催を英断しました。その後、それを知った関係機関や多くの市民が岩沼市社協の復興活動に参加するようになりました。

岩沼市社協と同様な行動は、阪神・淡路大震災時、兵庫県内の災害時に県内の被災地社協でも見られました。非公式の役員会（出席定数が未達成など）も含めば、何度も開催した社協もありました。県内の社協理事達は非常事態だからこそ、どのような対策を取るべきかを協議したのです。被災者だから何もできないのではなく、「被災者だからこそ災害に立ち向かうのだ」という姿勢が、社協職員、住民たちを勇気づけたと言えます。そしてその意思決定は、洲本市社協や佐用町社協のように正副会長をはじめ役員達が災害ＶＣや被災現場に出向き、活動の先頭に立つという形で表れていました。

④　地元住民・地元団体による支援体制づくり

災害ＶＣを例にとると、被災地外のスタッフやボランティアが目立ちますが、実は被災地の住民、関係団体が主役なのです。なぜなら彼らはそこに住み続けるため、継続して復興活動をするからです。筆者が目撃したのは、被災地社協役職員、民生委員、自治会、学生等が災害ＶＣスタッフとして活躍している姿です。それは社協ならではの地元住民による災害支援体制なのです。これは外部の支援組織がどんなに頑張ってもできないことです。

⑤　支援者と被災住民・地元行政との調整

一度でも被災地支援の経験をした人なら、支援者と被災地住民との調整、さらに地元行政との調整は被災地社協しかできない、ということは理解できるでしょう。なぜなら、被災地社協と地元住民、地元行政との信頼関係の深度が外部の支援者とは格段に違うからです。まさに支援の原点である「信頼」を得ている被災地社協ならではは役割です。

⑥　被災地の声、要支援者の声を発信

災害復興の道のりは長いものです。復興の課題、とりわけ要支援者の生活課題を発信し続けな

ければ、被災地内外からの様々な支援・協力が得にくくなり、課題対応が遅れてしまいます。当事者、住民で構成される社協だからこそ、被災地の声、要支援者達の声を発信し続けることが大切になります。これこそ被災地社協が災害直後から果たすべき重要な役割ではないでしょうか。

（４）復興期における住民自治を支援する役割

災害直後から被災者は仮住まいの場所に移動します。それは避難所、仮設住宅や空き家・集合住宅を利用した〝見なし仮設〟に人々は移動します。この仮住まいの期間は各人の被害状況、資力の有無等に影響されます。災害を契機に住民達が住まいを分散することは、地域社会に変容を迫ることになります。住環境の変化等から新たな生活障害を招くことがあります。それは地域の相互の助け合い体制の見直しを迫るものでもあります。さらに仮住まいの場所を何度も変わらざるをえない人も出てきます。自宅復帰や復興住宅等の恒久住宅に落ち着くまで住まいを何度も変わる人も少なからずいます。そのことにより、地域社会の再構築を何度も行うことになります。何度でも地域づくりを繰り返したとしても、障がい者をはじめ社会的不利な状況にある人達も包み込んだ地域づくりができるよう支援する必要があります。その役割を果たせるのは、被災地社協しかないと思います。

（5）災害支援業務の仕分けを

被災地社協の役割を果たすには、それを実行できる環境を作る必要があります。それには被災地社協自身が「被災地社協しかできないこと」と「支援者でもできること」の仕分けすることです。そして仕分け内容を内外に伝え、理解と支持を得ていくことが必要となります。

2　被災地外からの支援のあり方 ― 被災地社協の主体性を活かす支援を ―

被災地外社協の支援の基本姿勢として以下の四点をあげたいと思います。

①　個々の被災地に応じた支援 ― 同じ被災地はない ―

災害と言っても、種類（地震、津波、水害、噴火等）、規模、被災地域の特徴（都市部、中山間部等）等によって被害状況が違います。けっして同じ災害はなく、被災地の復興課題も違います。被災地に支援をする場合、過去の事例からいろいろ想定するとは思いますが、それぞれの被災地を丁寧に見ることが大切です。相談援助論でいう「個別化の原則」が災害支援においても該当します。災害支援の経験豊富な人は、過去の経験知から被災地を指導したがる傾向にあり、現地スタッフが閉口することがあります。それぞれの被災地に真摯に向き合うことを肝に銘じたいものです。

②　被災地社協しかできない役割を果たせるように支援する―主体性への支援―

被災地社協には、前項で記載した固有の役割があります。被災地外社協は被災地社協のサポートに回り、「支援者でもできること」を担うことにあります。県外の被災地でしばしば見られたような被災地社協がボランティア保険の受付をし、災害ＶＣの指揮を被災地外社協が担っているようなことがないようにしたいものです。

③　局面（フェーズ）に応じて支援の質と量を変えていく

誤解を恐れずに言えば、被災地外社協は撤収時期を常に念頭に置いて支援する必要があると思います。つまり、どのタイミングで被災地社協中心の支援活動に移行するのかを計りながら支援をすることが重要です。そのためには、支援するとき、被災地社協が支援を求める理由が、「量的不足（ニーズに対するスタッフ不足等）のためか」「技術的不足のためか」「損失回復に時間が要するためか」、等の被災地社協の状況分析することが必要になります。そして、被災地社協自身の力量が整えば、これまでの支援内容を被災地社協に委ねていくことが重要となります。よく「災害時のフェーズ（災害復旧・復興の局面）に応じた支援を」と言われますが、それには被災地の社協、行政等の対応能力も踏まえた判断が必要となります。

私が兵庫県社協在職中、災害ＶＣへのスタッフ派遣の目途を、水害時であれば約三週間、大規模地震なら三か月としながら、被災地社協との復興支援センターへの引継ぎ時期を協議していました。私がこの考えに至ったのは、阪神・淡路大震災時に全社協、大阪府社協と被災地社協である兵庫県社協が、常に引継ぎのタイミングを計っていた経験からです。阪神・淡路大震災では約二カ月後の三月一五日に、全国支援組織「社会福祉関係者支援合同対策本部」から地元組織「社会福祉復興本部」に引き継がれました。(4) 一部では時期尚早との批判もありましたが、兵庫県内の福祉関係者から高い評価を得ていたことが私に影響を与えました。

④　被災地外からの支援の輪を広げていく

被災地支援とは何も災害現場の活動だけではありません。社協として被災地外からの支援の輪を広げていくことが大切です。支援の輪を広げるために、被災地に赴いた職員の報告会等をし、被災状況、これから必要な支援について住民、関係者に伝え、理解を得ながら、具体的な支援の輪を広げていく必要があります。

3　災害時で社協の役割を果たすために ―平時から社協の住民協議体機能を高める―

災害復旧・復興の時こそ社協が持つ住民協議の機能は必要になります。しかし、中にはその機能を発揮できない社協もあります。その要因には、平時から当事者を含む住民・当事者、地域関係者、福祉団体等で実のある「協議」ができていないことがあるのではないでしょうか。社協事務局は、役員会や様々な会議（部会や委員会等）で、住民同士が実りある「協議」を行っているか、振り返ってみたいものです。平時から実りある「協議」ができていることが、災害時に当事者・住民主体の復旧・復興に取り組める土壌を築くことになります。

注

（１）「阪神・淡路大震災一般ボランティア活動者数推計」（「兵庫県県民生活部生活文化局生活創造課」調べ　平成一二年三月）では、阪神・淡路大震災発災後一カ月で約六二万人、一年間で一三八万人のボランティアが被災地に駆けつけたとされている。

（２）兵庫県内の社協が災害ボランティアコーディネートをできたのは、当時全国的には珍しく、県内すべての市町社協（神戸市の区社協除く）に常勤・専任のボランティアコーディネーターが配置されていたからである。それは、兵庫県の単独補助事業「ボランティアコーディネーター設置促進事業」（昭和六三（一九八八）年度施行）によるものであった。社協のボランティアセンターが震災前から機能していたことが、また当該行政、多くの市民から承認を受けていたことが災害時のボランティアのコーディネートを可能にした。

（３）平成二三年四月一三日付、厚生労働省社会・援護局福祉基盤課事務連絡「東日本大震災の発生に伴う社会福祉法人の運営に関するＱ＆Ａについて」で、被災した社会福祉法人で平成二二年度中に予算・事業計画の理事会・評議員会が開催困難場合、理事長専決でかまわない旨の通知だが出された。これにより多くの被災した社会福祉法人・社会福祉協議会が理事会、評議員会の開催を大幅に延期した。

（４）「大震災と社協」一四五頁～一四九頁に全国支援体制から被災地社協主体の体制に移行した経緯が記載されて

いる。

【参考資料】

「大震災と社協」（一九九六年、兵庫県社会福祉協議会編集／阪神・淡路大震災社会福祉復興本部発行）
「大震災下の福祉救援」（一九九六年、京都府社会福祉協議会編／（株）昭和堂発行）
「住民と共に福祉のまちをつくりたい！」（一九九七年、兵庫県下社協職員協議会　編・発行）
「地域福祉の歩みⅢ」（二〇〇一年、兵庫県社会福祉協議会編・発行）
「地域福祉の歩みⅣ」（二〇一二年、兵庫県社会福祉協議会編・発行）
「災害ソーシャルワーク入門－被災地の実践から学ぶ」（二〇一三年、上野谷加代子監、日本社会福祉士養成校協会編／中央法規出版発行）
「東日本大震災と地域福祉」（二〇一五年、日本地域福祉学会東日本大震災復興支援・研究委員会編／中央法規発行）

21　普通の暮らしにこだわった特養運営に関わって ―尊厳あるケアを―

元兵庫県社協部長
衣川哲夫

1　『オイルサーディンのように雑居部屋に詰め込み、たこ焼きのように端からおむつを替えていく日本の施設』（「施設の社会化」の中で）

県社協在職中の昭和五〇年代（一九七五年～一九八四年）後半から六〇年代（一九八五年～一九八九年）初頭にかけて、複数の社会福祉施設を指定して施設が有する設備・機能を地域に提供する施設の社会化事業を取組み、ある指定施設（特養）の「盆踊り大会」の折に施設内を見学する機会がありました。

そこで目にしたのは、見出し（京都大学大学院の故外山義教授による表現）にある光景でした。

当時の特養は四人部屋が中心で、排泄介助はおむつ交換用の台車を居室に搬入し、ベッド周りのカーテンを開けたまま同室者のうつろな目線の中、まさに流れ作業のようにおむつ交換が行われていました。私は、見るに忍びなくその場を離れました。

２　居室に家具を持ち込み街に出かける入居者とソーシャルアクションを展開する施設

一九八九年（平成元年）に、社会福祉法人尼崎老人福祉会（現：きらくえん）より新施設建設事業へのお誘いがあり、翌年、県社協を退職し高齢者福祉の分野に転職しました。

法人が運営する特養「喜楽苑」は、尼崎の住・工一体の市街地に一九八〇年（昭和五五年）頃から労働者・住民が一体となった運動を取組み、一九八三年（昭和五八年）に市内第一号の施設として開設されました。私が転職した当時、すでに入居者が喫茶店や居酒屋・商店街などにボランティアと一緒に出かけたり、居室に家財や電話を設置して暮らす姿は当たり前の光景となっていました。職員は認知症の方であっても入浴・排泄介助の折に羞恥心を考慮した対応を心がけ、居室の入退室時には挨拶を欠かしません。言葉かけは指示・命令形でなく謙譲語・丁寧語で、入居者と話す時は腰をかがめ目線を合わせて行う姿が当たり前のように定着していました。

介護する側・される側の垣根が低く、利用者の訴えを真摯に受け止め、職員自らが利用してもよいと思える施設を、という機運が満ちていました。

さらに、特養の利用者家族会に加え家族ＯＢ会・デイサービス利用者家族会、労働組合、小地域社協（自治会）や老人会など一五団体、構成員一・五万人からなる「喜楽苑地域福祉事業推進協議会」が組織化され、施設の取組みを伝えるだけでなく、地域の高齢者等の生活課題を協議・学習し、時には尼崎市へ高齢者施策の充実の要望書の提出を行い、地域住民を対象に講演会を開催する等の取組みも行っていました。

法人の運営理念である「人権を守る」「民主的運営」を日常の実践に落とし込み、その取組みを職員会議等で理念に照らして検証する、といった運営が定着していました。

３「今日もお散歩（外出）ですか？」（―認知症であっても普通の暮らしを求めて）―喜楽苑―

このような実践は、施設開設当初から取組まれていたのではありません。

職員は、入浴・食事・排泄の介助を行う中で、様々な場面で「これでいいの？」という疑問をぶつけ合い、少しの改善であっても入居者の笑顔が見られると、職員で確認し合い、次のステップにつなげる努力を惜しみませんでした。

当時の特養の居室は四人部屋が中心で、入口にはドアがなく、ベッド周りにはカーテンはあるものの職員の目が行き届かないとの理由から開け放たれた施設が一般的でした。喜楽苑では、ある職員が「部屋に扉がないのはおかしい」と、居室入口にアコーデオンカーテンを取付けたところ、別の職員が「職員室に入るときは挨拶しているのに、職員が入居者の部屋に無言で出入りするのはおかしい」と、入退出時に「失礼します」「おじゃましました」と声掛けが始まり、これが挨拶運動となり広がっていきました。

また、当時、入居者一人当り週二回の入浴は一大介助のため、施設によっては入浴日を週二日間として一斉に取組む所が多くありましたが、喜楽苑では一人当たりの入浴時間に余裕を持たせ順番待ちで待たされないようにと、週六日間の入浴を実施していました。

さらに、排泄時の羞恥心を考慮して廊下に面した共用トイレには、他人の目を意識しなくてすむようにと職員が三重のカーテンを取付けました。おむつ交換の折には、ベッド周りのカーテンを回しきり、他人や廊下からの視線を遮り、さりげない会話で入居者の気を紛らわせて手早く行うよう全職員が申し合わせて取組みました。赤ちゃん言葉を聞くこともありましたが、「言葉の言い直し運動」を経て、なくなりました。このような取組みが後退してしまわないよう、先輩や後輩、新任や幹部職員を問わず気付いたその場で注意し合う気風ができあがっていきました。

こうした介護環境の中で、四季折々の行事はもちろん、入居者の郷里への訪問や、一泊旅行などが家族の協力を得て取組まれ、そうした取組みが職員会議で共有され、施設全体で当たり前の取組みへと高められていきました。

喜楽苑の近所の喫茶店や居酒屋の店主は、自らの介護体験から入居者を受け入れてくださり、認知症のお年寄りの外出時の見守り環境も整っていきました。

一九九二年（平成四年）頃、NHKが喜楽苑の入居者の日常生活を記録したドキュメンタリー番組「今日も　お散歩ですか？」では、認知症であっても普通に暮らす入居者の姿が全国に伝わり、共感を呼びました。この後二年後には、入居者自治会も結成されました。

4　利用者の「生きる力」をしぼませない施設・法人づくり

国は、一九九〇年（平成二年）から高齢者保健福祉推進十か年戦略（通称：ゴールドプラン）に基づく高齢者介護の基盤整備に着手し、続く新ゴールドプランでも施設整備と在宅福祉サービスの基盤整備を強力に推進しました。

この間、私は「いくの喜楽苑」「あしや喜楽苑」「（尼崎）けま喜楽苑」の施設整備と立ち上げに関わり、入居者の姿から「冬枯れの高齢期」でない「実りの秋の高齢期」を実感することができました。これを施設ごとにみてみます。

（1）「個室があるからいい」「お茶飲み友達ができた」—いくの喜楽苑—

平成四年に開設した「いくの喜楽苑」は、一九七九年（昭和五四年）頃のスウェーデンの高齢者介護計画（ケア概念転換の契機となった計画）を参考に、喜楽苑の取組みを反映させてみました。

「人格の尊重」を図るため居室は個室または四人・二人部屋を間仕切りで個室化し、「生活の活性化」のために介護単位は二五人程度の三ユニット構成としました。各ユニットに食堂、デイルーム、トイレを設けて動線を短くしました。また、できる限り「通常の環境と条件の下で日常生活」が営めるよう家具・家財の持込みや電話の引き込みを可能にし、全室に洗面台と鏡を設置して利用者自らが整容もできるよう配慮しました。

一年を経過し、入居者にアンケートを実施しました。個室化したことで「お茶飲み友達ができた」「よく眠れる」「家族や地域の友人が訪ねてくるようになった」と肯定的な回答が得られました。また、食堂に設けた台所を活用して「おやつクラブ」で調理する方、居室に面した菜園で大根を栽培する方、持参した洗濯機を使って自ら洗濯をする老夫婦の姿など、施設の環境を生活環境に近づけることで自らの暮らしを主体的に営み、日常の生活を取り戻そうとされる入居者の姿を目のあたりにしました。

また、認知症の方が口ずさむ歌が地元の盆踊りの音頭であったことから、家族・地域の方が協力し、廃れていた地域の盆踊りを再興する取組みも生まれました。

(2) 喫茶・ギャラリー等の地域交流スペースで　輝く入居者―あしや喜楽苑―

建設途上、阪神・淡路大震災で被災した「あしや喜楽苑」は、一九九七年（平成九年）に復旧・開設しました。個室化はもちろん、玄関に隣接した一階フロアーに喫茶・ギャラリーを含む地域交流スペースを設けました。住宅地に隣接する南芦屋浜に、北欧の木調ベッドや家具類を整え、在宅と施設の「空間の落差」を和らげる工夫を試みる施設を整備しました。

家族や入居者の友人・知人は、地域交流スペースを訪れコーヒーや音楽等を楽しむ入居者の姿や、入居者の目線で介護する職員の姿を見て、取組みを支えてくださいます。

元音楽大学ピアノ科の先生だった方が、音楽療法士の資格を有するスタッフと共に再びショパンの曲を奏でることができるようになり市内外でコンサートを再体験、ギャラリーでの入居者制作の作品展示、ジャズの演奏に合わせ楽しそうにステップを踏む方、内面からの輝きを見せる入居者の姿に、職員・家族の笑顔が広がります。

施設という新しい生活の場に身を置き、そこで繰り広げられる多様な生活のモメントの中で自らの生活体験を思い起こし、職員らのサポートもあって入居者は内面から輝きを取り戻します。

(3) 環境や空間・設備が、介護・街づくりに与える影響にもっと注目を―けま喜楽苑―

「けま喜楽苑」の設計指導監修は、高齢者の住環境の研究や、我が国の高齢者施設の介護分析や改修・整備を取組まれた京都大学大学院の故外山義教授に、実施設計はそうした設計思想にたけた設計士に依頼しました。喜楽苑の実践と、高齢者の住環境と施設の実践的研究者、それを体現できる設計士の連携により、尼崎市食満《けま》に、二〇〇二年（平成一四年）に全室個室・ユニットケア型特養として誕生しました。

特養はプライベート、セミプライベート、セミパブリック、パブリックといった四つの空間で構成され、一フロア二五人を介護単位としつつも、昼間は七～八人の三つの生活単位で構成されます。また、手すりを極力減らし補助器具等を使い自在に動ける暮らしをとの発想から、窓の下枠を手すりにしたり、支持的な取っ手を多用しました。

車いすは、人の運搬器具ではありません。身体の状態に合わせアームレストや座面の高さを調整できる「モジュラー型」車いすを採用することで自立度を改善。おむつは各自の排せつ周期や量に合わせた機能の製品をネットパンツに装着して用いるタイプを採用し被介護感を軽減。入浴は動線が短く一人の職員が誘導から着脱・介助等一連の介助を行うことが可能に。ユニット型の特徴を生かしたスタイルに変わりました。

低床化された椅子やテーブル、洗面台、ベッド、車いすの採用により入居者の自立度が増し、「もう、歩くことはないだろう」とあきらめていた移動動作もモジュラー型車いすで可能になって介護度が改善するなど、生きる力を萎えさせない環境の大切さを再認識すると共に、こうした視点をもっと普及させるべきと強く感じました。

さらに、厨房の設備にクックチルシステムを採用することで、利用者の咀嚼・嚥下機能の状態に応じた調理の幅が一層広がり、選択食も充実させることができました。

５　理念・事業の継承と発展のために

四つの施設と在宅部門の事業など組織が拡大し、職員も六〇〇人近くに増えました。措置制度から介護保険制度に変わり、補助制度や委託事業の内容も変化する中、法人全体の管理・運営の仕組み自体の改革が必要となりました。

法人の取組みを客観的に分析するためにも実績のある経営コンサルタントと契約し、多様な分析手法を用いた経営改革を二〇〇三年度（平成一五年度）から翌年度にかけて取組みました。

正規職員全員を対象に、理念の浸透状況、ケアに対する意識、給与に対する考え等をアンケート調査を基に把握し、四施設の代表と法人本部、コンサルから成る事務局を中心に、ニュースで進捗状況を知らせ、説明会の開催など職員の目に見える改革に努めました。

また組織体系や意思決定の仕組みとルールづくり、目標とすべき人材の要件と資質・評価基準、給与・手当の分析を踏まえた再構築などに取組み、法人全体の合意形成を目指しました。

6　課題と期待

二〇〇五年（平成一七年）四月、私は県社協に転職しましたが、今後の施設運営や経営についての課題と期待を以下にまとめます。

第一に、人間の尊厳を大切にする視点です。体力や能力の衰えは高齢者本人にとっては受け入れがたく、辛いものがあると思います。今日、介護度や障がいの認定は一定の基準が設けられ平準化して捉えられがちですが、その程度や内容には個人差があり、自分史があります。誰にも踏み込まれたくないプライドにも似た思いもあります。そういったことを受け止め尊重する視点を育む仕組みをもっと充実させるべきだと思います。

第二に、生きる意欲や力を重視する視点です。建設されてから数十年にわたり使われ続ける施設・設備・器具は、利用者や働く者の視点に立って整えられるべきですが、主人公や職員が参加することの意味や意義にあまり関心が払われていません。利用者の状態を観察し、生きる意欲や力を高め支える視点からの取組みを重視すべきです。

第三に、利用者や従事者の視点の重視と、介護の内容や利用者の変化を客観化する研究や手法の多様な開発です。介護スタッフや空間および環境が利用者の意識や行動に及ぼす影響は、立証することや比較対照することが困難です。この分野を強化することで、現場と政策の接点をより近づけ、制度・施策の改善・改革を促すことができないものでしょうか。

私たちの日々の業務は、制度・政策に左右されるように思いがちですが、今一度「ユーザーズ・ポイント・オブ・ビュー」（利用者・従事者の視点）から捉え直すことで、大切な事柄や方向性が見えてくると確信します。

【参考文献】

外山義著「クリッパンの老人たち―スウェーデンの高齢者ケア―」／平成二年九月初版／ドメス出版
大原一興・小川政亮・衣川哲夫共著「個室のある老人ホーム」／平成七年六月初版／萌文社
外山義先生追悼集編集委員会編「ダイアローグ　対話　外山義　魂の器を求めて」／平成一五年一一月
市川禮子著「ひと・いのち・地域をつなぐ―社会福祉法人きらくえんの軌跡―」／平成二七年五月初版／東信堂

22　社会福祉法人の公共化を目指して

元兵庫県社協事務局長
塚　口　伍喜夫

1　プロローグ

日本の社会福祉事業の第一線を担っているのは社会福祉法人であります。戦後、慈善事業の流れを汲んで発足したこの制度はなかなかの知恵者の発案だろうと思われます。社会福祉法人に社会福祉事業を担わせる国側のメリットは、土地の無料提供、施設建造物の二五％負担、人材の確保などを法人設立者に負担を求めて、国や地方自治体はそれを監督していく、という構図です。

私が、兵庫県社協の福祉部長という職名をいただいたのは一九七二年（昭和四七年）です。三五歳の若造でした。それまでは地域福祉一筋で来たのですが、社会福祉部長に就任すると施設福祉も業務範疇に入ってきました。その時点で社会福祉法人の状況やその法人の経営する社会福祉施設に触れることになったのです。それ以降、今もって社会福祉法人に関わっています。

2　学ぶ機会はあれこれと提供するが効き目なし

社会福祉法人に対しては研修の機会が大変多い状況ではないでしょうか。理事長や役員、施設長などの参加はあるのですが、長い目で見てきても効果はもう一つです。

私が施設福祉に関わった当時は、その研修主要テーマは、社会福祉施設の近代化、社会化をどのように図るか、でした。

研修の効き目が少ないと思われる原因の一つは、参加をしても勉強に身を入れていないことです。例えば、二日間の研修プログラムとしますと、二日目には出席者が半減するのです。どうしてか二日目は、研修会場近辺の「観光」に行ってしまうのです。二つ目の原因は、取り分けて勉強しなくっても、入ってくる収入に変わりはなく、経営「努力」はあまり必要ないからです。むしろ経営者は、給料の高い職員をどのようにして安い職員に切り替えるか、この新陳代謝をスムースに行うことが「経営」ではないかといった理解程度ではなかったかと推測します。三つめの原因は、施設長に資格制度がないことです。資格を得るための試験制度がありません。社会福祉主事資格の取得の方法、全社協が実施している福祉施設士の受験講座などがありましたが、試験で篩い落とすことはほとんどありません。対人援助の重要な仕事をまとめる施設の長が、その資格が厳しく問われないで本当に良いのだろうかというのが当時の私の疑問でした。

研修二日目になると、半分ほどの参加者がいなくなる現象は、研修を企画実施する側にとっては頭の痛い問題でした。研修の全プログラムを修めてもらうためにはどうすれば良いか、主催する側の大きな課題でした。なんとも情けないことです。ですから、いくら福祉施設の社会化や近代化をスローガンにしても、受ける側がそれほどの関心を持っていないのですから、主催者側と受講者側の意識のギャップはなかなか埋まりませんでした。

逃げていく受講者を物理的につなぎとめる方法として「船上セミナー」を企画しました。船の中に缶詰にすれば逃げ場がないわけですから。第一回社会福祉施設経営セミナー（一九七八年（昭和五三年）六月二八日〜三〇日まで）を「船上セミナー」として実施したと思います。関西汽船のサンフラワー号を利用して神戸港から鹿児島県の指宿港までの船上セミナーであったと思います。この船上セミナーは意外と好評であったことから、後の韓国との交流事業に船を活用しての事業に結び付いてくるきっかけになったのです。「参加者を逃がさない企画」…なんとも姑息なやり方だと批判されそうですが、致し方ありません。

【頻発した施設の不祥事】

社会福祉施設への措置体制が整っていく過程で、施設の管理体制の不備、利用者への対処方法の未熟さなどが原因となった「不祥」事件が頻発しました。その主な事件と、そこから見えてくる問題点を整理してみます。以下、『地域福祉の歩みⅡ：兵庫県社会福祉協議会四〇年史』／一九九一年（平成三年）六月／兵庫県社会福祉協議会刊から一部引用または参照。

・精神薄弱者更生施設陽気寮火災事件（神戸市北区）

一九八六年（昭和六一年）七月三一日未明、陽気寮で火災が発生、施設は全焼、寮生八名が死亡した悲惨な事件でした。

施設は、火災を想定した防災訓練は定期的に実施していました。しかし、実際の火災になると寮生はパニックに陥り訓練通りには対処できなかったこと。また、夜間の宿直体制はこうした非常時に対応できる職員配置ではありませんでした（措置基準による職員配置は満たしていた）。消火設備が機能しなかったことなどが重なって大きな事件となったのです。この事件を契機に厚生省は、入所型福祉施設にはスプリンクラーの設置を義務付けましたが、入所施設の夜間管理体制を十分なものにする職員配置はそのままに据え置かれました。

・社会福祉法人くすの木会事件（神戸市中央区）

一九八八年（昭和六三年）五月、「使途不明金七五〇〇万円」。読売新聞朝刊報道で始まったこの事件は、理事長夫妻が神戸地検に逮捕され一年間拘置されるという事件でした。当時理事長は、施設代表で兵庫県社協副会長であったこともあり、その法人の運営は、兵庫県社協預かりとなり、県社協から部長級の職員を常務理事兼施設長として派遣し、事後処理に当たりました。結果、この「使途不明金」なるものの正体は、施設利用者の障がい者年金を理事長兼施設長であった松山博文氏が、個人的に「管理」し、市内の複数の金融機関に数百枚の預金通帳に小分けして預けていたことが判明したのです。加えて、架空職員の存在、措置費の公私混同的な使い方などが兵庫県の特別監査で判明しました。

事件の判明は、職員の内部告発に端を発したものでした。兵庫県は、毎年のように監査を行っていましたが、法人・施設側が必要な書類を提示しなかったことや、理事長が自分の地位を嵩に着て威圧的な態度で接したため十分な監査ができなかったと説明していました。結果論から言うと、松山理事長の施設利用者の障がい者年金の管理はズサンとしかいいようはなかったし、架空職員の存在などは論外でしたが、しかし一方、指導監督側の長年にわたる監督不行届の責任は不問とされたのです。

・恵泉寮事件（神戸市北区）

一九八五年～一九九四年（昭和六〇年代）児童養護施設は施設利用児童が減少し、社会福祉

法人恵泉寮の児童養護施設は、入所児童定員六〇人であったにもかかわらず、一九八七年（昭和六二年）一二月現在の入所児童は一二人でした。一二人の児童に対して、職員数は六〇人定員に対する数を配置していました。神戸市は、こうした状況を見て、児童養護施設を廃して知的障がい者更生施設に切り替える方針を示しました。法人側は、この方針に沿って施設転換を図ろうとしたのですが、一部職員が児童養護施設の存続を訴え、労働争議に発展しました。施設転換に反対した職員は、総評一般の労働組合に加盟し、理事者側と全面対決になりました。施設周辺には赤旗が林立し、住宅街に異様な風景を醸し出しました。

当時の施設長（土肥隆一氏）の救援要請に応じて兵庫県社会福祉施設経営者協議会（略称「経営協」）はその要請にこたえることにしました。その条件として、当時の理事には全員辞任することを求め、その了承を取ったのち、大阪経営協の全面的な協力を得て、新理事で対応することにしました。その矢先、兵庫県経営協に救援要請をした施設長は社会党の立候補要請を受け、衆議院に当選して、施設経営は放置したのです。後任の施設長として兵庫県社協の部長であった野崎陸夫氏が就きました。野崎氏には言葉にできないほど苦労を掛けたと思います。

結果は、施設転換に反対した職員を不当に解雇したとして、法人側は、一審に続き二審でも敗訴したのです。大阪高裁で敗訴した時の法人の理事長は私でした。私は当時、九州保健福祉大学に在籍していましたので、すべて、野崎施設長に任せざるを得なかったのです。敗訴は、その日から解雇されたとする六人の職員に解雇時に遡って給料を支払うこと、慰謝料として一億三千万円の支払いを命じられました。その後、野崎施設長の奮闘で、神戸栄光教会、今井鎮雄氏（元・神戸ＹＭＣＡ総主事）、城純一氏などの全面的な協力を得て解決を図り、現在、この法人は健全な経営に入っております。

この事件は、旧理事会が、職員任せの施設運営にさせていたことです。理事会としても働きは皆無という状態でした。しっかりとした理事会であること、理事会と職員の意思疎通のパイプを普段から風通しよくしておくことの大切さを提起していたように思います。

いずれの事件も、私が兵庫県社協の事務局長、あるいは兵庫県経営協の事務局長として深く関わった事件です。それだけに、事件への思いは深いものがありました。全国社会福祉協議会の、ある会議で、ある委員から、「兵庫県は不祥事件の宝庫やな」と皮肉られた言葉は頭から離れません。

３　公共性の担保こそ社会福祉法人のめざす道

社会福祉法人の方向付けに関しては、その近代化、社会化を図る方向を重視してきました。研修や講習のテーマもそこに設定し力を入れてきたのです。

近代化とは、法人と法人が経営する施設のガバナンスの合法化・合理化を内容とします。非合法な労務管理は目立ってなかったと思いますが、労働に見合う、しかも公平な処遇がなされていたかというと、そうともいいきれません。同じ労働をしても、オーナー一族の職員は格別な処遇を受けるケースがよく見られました。何よりも、オーナー理事長などは、自分の自家用車を法人の車として登録し、車の購入費、税金、ガソリン代などを法人から支払わせていることなどはザラにありました。違法な公私混同です。

また、合理的かどうかの側面で見ますと、法人の役員は、法人オーナーの「お友達」で固め、牽制機能などは全く働かない、非合理的な組織で運営されている法人が多くあったと思います。二〇一六年（平成二八年）には、社会福祉法人夢工房がこれに類似した不祥事を引き起こしました。北海道から沖縄にいたる全国で二五の保育園を経営するまでに事業を拡大させたが、その経営は違法、非合理的な「管理」満杯の状態でした。役員会は、こうした状況に歯止めをかけることはできませんでした。

法人の社会化とは何を狙ったのかということです。施設の経営が措置費で賄われていた当時は、施設経営の実情は外部の者には全く分かりませんでした。それが分かっていたのは、監理・監督をする県の民生部でした。不透明この上ない運営であったといえます。ですから、社会福祉施設が地域とつながる必要性は経営者側にも、監理監督をする行政側にもありませんでした。

社会福祉法人や施設は、もっと社会に開けたものにならないといけない、そうでないと、社会福祉施設は隔離施設になるではないかと危惧したのです。そのような状態の施設もかなりありました。社会に開かれた、社会とつながった施設を目指そう、これが社会化の趣旨だったのです。

社会福祉法人が、施設を設置する場合、土地や建設費の四分の一以上の負担をし、その負担分は自ら設置した社会福祉法人に寄付をする仕組みになっています。法人設置者が、自己負担をしたことが、法人とその経営する施設を「自分の所有物」と認識してしまうことにこれらの問題の根源があります。

社会福祉法人は、法的には公共物なのです。建前は公共物ですが、そうとは言い切れない矛盾を社会福祉法人の仕組み自体が持っているともいえます。この矛盾を構造的に解決しない限り、スッキリとした仕組みにはならないのではないかと思います。

厚生労働省は、二〇一六年（平成二八年）度の社会福祉法改正で、社会福祉法人のガバナンスの強化や経営の透明性の確立などを打ち出しましたが、これで社会福祉法人が抱える根本問題が解決するなどとは誰も思っていません。

しかも、社会福祉法人の許認可権や監督権が地方に移管されたことが、今後の法人経営に一層の複雑さを伴うことになるのではないかと危惧いたします。なぜなら、地方の行政体にそれだけの力量が備わっていないからです。

【参考文献】

編集委員会編「地域福祉の歩みⅡ」／平成三年六月／兵庫県社会福祉協議会
編集委員会編「地域福祉の歩みⅢ」／平成一三年一〇月／兵庫県社会福祉協議会
社会福祉法人夢工房第三者委員会「調査報告書」平成二八年一〇月／標記第三者委員会

23　故きを温め、新たな地域社会をめざす

元五色町社協事務局長
松浦歌子

1　「社協」―出会いと「驚き」―

一九六七年（昭和四二年）のある日、突然、我が家を訪ねられた初対面のお客様、そのお二人は五色町社協の会長と町の住民課長でした。

町社協の職員が退職したので少し仕事を手伝ってほしい、とのことでした。私には「シャキョウ」とは社会教育のことしか頭に浮かばなかったので、後日、随分と恥ずかしいことを尋ねたものだと反省しました。

社協とは、福祉とは、何も訳のわからないまま勤め始めると、すぐに、善意月間の取組みがあり、毎日のように封筒に入った善意のお金が、秋には赤い羽根の共同募金のお金が集まってきます。税金でもないのに社協にこれだけのお金が寄せられます。いかに地域の人たちが社協を信頼

し、頼りにしているのかが段々分かってきて、社協の仕事を続けたいとの思いが日に日に高まっていきました。

寄せられたお金はどのように使われるのか。そんな時、佐山事務局長（以下「佐山局長」と略）から住民座談会の開催を聞かされました。聞くと、昼間は人寄せが大変だから夜に、しかも、町内一カ所では集まりが少なく広く住民の声を聴くことができないので五地区に分けて開催するとのこと。集会の会場は、明々と電灯が灯り机が並ぶ四角い会議室ではなく、野外の街灯の下でした。そのような中でしたが、一人一人の発言は堅苦しいものでなく、和やかな雰囲気の中でいろんな意見が飛び交ったのには驚かされました。

「バス通学の学生がバス停に置く自転車が雨に濡れるので、自転車置き場を設けてほしい」「バスの待合所をはじめ暗い道が多く危険であるので、外灯を増やしてほしい」「交通事故防止のため、カーブミラーがあれば」「小学生の通学路に危険カ所が多いので、何とかならないか」等々の要望が出るのですが、予算が少なく、手作りできるものは作ろうと職員二人で、白いペンキを塗った木に〝あぶないよ〟の赤い文字を切り抜いた標識を町内の百数十カ所の危険個所に設置、自転車置き場設置、バス停の待合室や公衆便所への外灯の取り付け、カーブミラー設置など、予算に合わせて順次整備していきました。

私は住民から喜びの声を聞くたび、社協の存在の大切さを知り、ますます社協から離れられなくなりました。次から次へと、新しい事業を取組み社協活動の基礎を築いていきました。

人はそんな佐山局長のことを生まれながらにして福祉の心をもって生まれた人だと言うけれど、私はそうは思いません。人間生まれてくるのに福祉だ、社協だ、そんな気持ちをもって生まれてくることはありません。私が思うに、佐山局長の社協の仕事に対する情熱、努力や優しさが、仕事のアイデアを次々に生み出しているのだと思います。

２　敏腕局長の後任として―新たな視点から―

行政がやらなければならないことも次から次へと手がける佐山局長に、行政から感謝の言葉があって当然なのに、局長の凄腕が気に入らないのか、再三、役場に呼ばれお叱言を頂戴しました。それに動じず続けると、今度は補助金で締めつけられました。

それなら自分たちで収入を得ようと、お葬式の祭壇を購入し貸付事業を始めました。この事業の収益で、延び延びになっていた公衆トイレの設置や老人世帯実態調査に基づく給食サービス事業も始めることができました。

困ったのは、祭壇の飾りつけや撤収を勤務時間内に行うと、事務所が留守になってしまうことでした。利用者と相談の上、始業前の早朝や終業後の夕方に行うなど、ご無理をお願いしましたら、職員二人の頑張りに理解を示していただけました。それ故に、土・日曜のお葬式は時間を気にしなくてよいので助かりました。

この事業に取組んだ結果「社協が祭壇貸付事業を通じて葬儀の簡素化が進み、生活改善につながった」と住民の方々に評価していただき喜んでもらえました。

社協活動も順調で、いつまでも続くものと信じていた私にとって、思ってもみなかった〝悲劇〟が訪れました。それは佐山局長の定年退職でした。一〇〇％佐山局長を頼りに動いてきた私には、その事態を〝悲劇〟という言葉でしか言い表せませんでした。

社協にも定年というものがあったのか、と驚いても後の祭り、責任者の定年退職のことなど微塵も考えていなかった鈍さに狼狽える自分が何とも情けなかったです。

佐山局長がいなくなった暗いトンネルの中、西も東も、入口も出口も分からないような中で、悶々とした日々が続きました。

佐山局長の仕事に対する情熱と努力、次から次へと生み出されるアイデアに尊敬の念を抱きながら、あの素晴らしい頭脳を私の頭の中に吸収しておけなかったと、反省と後悔の日々でした。長い間、机を並べながら一度も叱られたこともなく、ぬるま湯に浸りすぎた罰だと思う他ありませんでした。

しかし、落ち込んでばかりではいられません。二人だけの職員ではだめだと「他力本願」ではありませんが、ボランティアとして協力してくださる方を一人でも多く、との思いでボランティア大会を企画しました。講師に県社協の藤井博志さんを招聘して基調講演をお願いし、それを受けて「地域社会とボランティア」をテーマにシンポジウムを催しました。とにかく、女性二人の職員で足りない部分をボランティアを育成し助けていただくことにしました。

３　医療・福祉・健康の連携を目標に ― 五色診療所と共に在宅介護を支える ―

五色診療所の松浦所長から、医療と福祉と健康に携わる者が一堂に会しカンファレンスを行うことで仕事をスムーズに進められると提案をいただき実行することになりました。週一回、業務終了後の会合に、社協が取り上げたのは在宅の入浴サービスでした。今までは、サービスの実施に際しあちこち関係先を回って日程調整を行っていたのですが、関係者が一堂に会することで、その場で調整し意見交換が行えることで、効率的に取組むことができるようになりました。

私の五色町社協事務局長時代は、五色診療所長兼総合福祉センター所長の松浦所長なしに語れません。「目と耳からの勉強も大切」と「長野県の佐久病院が、地域福祉と医療をテーマに病院祭りを取組んでいるから」と、連れて行っていただいたり、広島県の御調町の老人保健施設の視察研修に同行させていただきました。

御調町の施設視察の折、利用者を前にボランティアの方々が歌や踊りを披露され、それをご覧になっている方々の嬉しそうな顔が忘れられず、五色町社協でもそのような取組みを取り入れてみたいと思い理事会でも検討しましたが、妙案が浮かびません。考えた末、これまで手が届いていなかった在宅介護者の方々を対象に、たとえ半日でも体を休めていただけたらとの思いで企画を考えました。その間、誰かが介護を担わなければなりません。

診療所の松浦所長に相談しましたら、診療所をあげて応援するとのご返事をいただきました。例えば、寝たきりの方はストレッチャーを積んだ診療所の車で診療所職員が送迎し、空きベッドをすべて活用して看護師が介護を担う。会場は診療所の研修室を充てて、毎回テーマを決め、ボランティアの協力はもちろん、診療所の職員も総力で助けてくださり取組めたことは貴重な活動でした。

「今日の出会いを大切に」とか「みんなで共に生きよう」といったテーマをその都度決め、七夕まつりや誕生会を企画し、ボランティアによる歌や踊りも楽しんでいただきます。この取組みの中で、今でも語り草になっているエピソードがあります。それは、美容院から借りてきた化粧品で松浦所長の顔を白塗りし芸者役に仕立てていた折のことです。急患が入り、所長がそのまま診察室へ走り込んだのです。顔面を白塗りした所長を見た患者さんは「……。」皆さんのご想像にお任せいたしますが、一体感がありました。

そのような仕事を続けながら、一人で泣いた日もあり、みんなと笑い合った日々を経ていよいよ私も定年。何の足跡も残せぬままの退職のようで、仕事に対する満足感や達成感はありませんでした。ただ反省するばかりであったように思えます。

４　私の福祉人生―社協理事・ボランティアとして―

それだけに、私の福祉人生はこれで終わりにしたくはありませんでした。そこで、ボランティアの一員として仲間入りし、お世話になった方々へのお返しとまでは言えませんが、自分のできることをできる人たちにと、老人福祉施設や障がい者施設、グループホームへ。また、いろんな人たちへの相談活動など、西に東に、現職の時より忙しいほど走り回っています。

そして、洲本市社協理事として四期目の二〇一六年（平成二八年）に、第三次地域福祉推進計画策定委員会が設置されました。市内全域の各種団体や福祉関係者五五〇名に行ったアンケート調査を基に「誰もが健康で安全、安心に暮らせるまちづくり」をテーマに、一七名の委員が関係する分野からそれぞれにテーマを提出し、それを全体でも協議しながら掘り下げていきました。テーマは、高齢者支援、少子化問題、障がい者福祉等々、時代は移り変わっても福祉課題のテーマは変わることはないと感じました。

一年間にわたり策定委員会での協議を経た計画書は一〇〇頁余りの冊子にまとめられ、社協会長に手渡され、その後、市民への公開講座が開催されました。委員一人ひとりが自らの担当分野について提出した課題を一五分の持ち時間で、それぞれ発表させていただきました。予想していた以上の方々に参加いただき、大変な好評を得たことで、一年間の苦労が報われた思いでした。

私も一〇〇頁にわたる計画書の中で、これからの社協が取組まねばならない課題について提起させていただきました。数々の課題をどう取組んでいくのか、また、合併後、広域化した洲本市の隅から隅まで行き渡らせるにはどうすればよいのか。あまりに少ない社協の職員数。小さな子供から若い人、お年寄りに至るまで、福祉の人になった心づもりで、共に楽しく幸せに過ごせるよう、協力をお願いしたいこと。今後、ますます少子化が進み、高齢者が増加する中、社協の自主財源である善意銀行、共同募金や歳末助け合い、社協会費等が先細りする中で、社協の福祉活動への理解と協力をお願いして、担当分野の報告とさせていただきました。

社協理事の引き際の難しさと大切さを感じつつ、古きを尋ね新しい社協を念じながら、今もなお、ボランティア連絡会の代表として、また、四百数十名のボランティアの一員として活動を続けている今日この頃です。

第3部

地域福祉に捧げた人々

―ありし日の活動を偲んで―

ここに掲載した方々は、兵庫県下の社会福祉協議会・共同募金会（社協に略）の事務局職員として、永年にわたって地域福祉活動をはじめ、在宅サービス活動・ボランティア活動・善意銀行・福祉用品の貸与給付・生活福祉資金の貸付・介護保険事業・小規模福祉事業・組織運営・財源確保・共同募金や歳末助け合い運動協力など多彩な活動を、ソーシャルコミュニティワーカーとして、時にはコーディネーター、カウンセラー、ケースワーカー、グループワーカー、パートナー、サポーターとして、その役割を果たし、またイベントや資金づくりの仕掛け人として、もてる力と知恵を発揮して地域の「社協力」を高めて来られました。

そこで生前に交流やゆかりのあつた方々に〝地域福祉に捧げた人々〟として各人を偲ぶ言葉を寄せていただきました。なおこの他にも多くの偲ぶ方々がおられるとは思いますが、情報不足と執筆者難からここに掲載できなかったことをお断りいたします。

平成二九年一〇月末現在。掲載順は一部を除いて五十音順。地名は当時の所属社協。敬称略。末尾の（　）内は執筆者。

関　外余男　　安積盛夫　　小俣頼一　　片瀬良道
久手堅憲一　　児玉和之　　澤田清方　　谷口満男
寺本勇善　　室井常時　　八木新緑　　山本孝司
湯川台平

偉大な功績を残す

関　外余男　さん（兵庫県社協）

「塚口君、人間六〇歳はまだまだ働ける年代ですよ、七〇代は社会的奉仕をする年代。八〇歳になったらすべての社会的立場から自らの意思で身を引くべきですよ。自分ではしっかりしているつもりでも老害が出ますからね」の言葉は私の生きる指針です。関さんは、小田直蔵さんに次いで二代目の兵庫県社協事務局長（常務理事でもあった）。元内務官僚で終戦時は埼玉県長官（知事）だった、まさに大物局長。私にとっては人生の師と言える方だった。その関さんの功績を私なりに辿ってみます。

その一つは、社会福祉資料室を設置されたこと。数千冊の社会福祉関連の図書・資料を備えた資料室でした。私たち職員はこの資料室で多くの図書に触れ大いに知的刺激を受けたものです。この環境が後に県社協職員の多くが大学の教授などになっていく土壌になったのではないかと思っています。

二つには、社会福祉夏季大学の継続的な開催です。この夏季大学では、日本の著名な研究者の講演が聞けました。例えば、大内兵衛、大河内一男、清水幾太郎などの諸先生、社会福祉研究第一線の学者などを講師として招聘しました。「社会福祉に知的環境」を目指そうとした関さんの気迫が伝わってくる思いです。

三つめは、社協の民間性の追求です。全国で初めて共同募金会の配分を得て市町村社協の専任職員を設置する試み。また、市町村社協の会長（理事長）を民間化する試みを強く打ち出された。社協が、その財政基盤が弱いにもかかわらず、民間性を発揮してこそ新たな社会福祉を切り開くことができるという社会福祉を俯瞰して見通された信念は強固なものがあったと思います。

関さんが晩年、神戸新聞の社会賞を受賞されたとき、「僕はやっと民間人として認められたよ」と嬉しそうにこぼされた笑顔を忘れることはできません。（塚口伍喜夫）

施設運営の近代化に尽力

安積盛夫さん（兵庫県社協）

安積盛夫さんは、兵庫県朝来市和田山町出身で日本福祉大学を卒業後、兵庫県社協に勤務されました。

県社協には福祉系四年制大学の第一期生として採用されました。一九六三年（昭和三八年）には、全国の都道府県社協に福祉活動指導員が国の事業で配置されたので、そのため若手大学卒業生が各都道府県社協に多く採用されました。安積さんは福祉施設部に配属され、その後も一貫して施設部門で活躍し、最終的には施設部長を経て退職されました。

安積さんは、長身で眼鏡をかけた特徴のあるスタイルで、博学でいろんなことに興味を持つ人でした。なかでも、神社仏閣などには造詣が深く、よく教えてもらったものです。

安積さんの県社協での実績と言えば「施設運営の近代化の推進」があげられます。これを推進するため、県社協に「民間社会福祉施設職員処遇改善委員会」を設置し、その活動として次のような取組みを展開されました。第一に民間福祉施設職員給与実態調査を実施して民間施設職員の処遇の実態を明らかにして、その処遇改善のために給与準則を策定して労働条件の改善をはかりました。第二には近代的な施設経営を目指すために経営セミナーの開催や民間施設が当面する各種課題を解決するために施設研究委員会を常設して問題を研究協議する場を提供しました。

これらは全業種に共通する取組みですが、同じように各種別での調査や研究、研修や各種合同行事も県社協と各施設種別連盟組織と共催して実施することも施設部の担当でした。なかでも全国的に注目されたユニークな事業は、一九六〇年（昭和三五年）から実施した「施設中学校卒業生激励大会」の取組みです。当時、神戸市内では最高ランクの「神戸オリエンタルホテル」を会場に、福祉施設の卒業生たちが社会人として堂々とこのような施設を利用できるようにと、テーブルマナー等の講習と激励の企画を施設種別協議会と共催で実施しました。この事業はその後も永らく取組まれることになりました。

また日常業務では、施設運営や職員処遇についての資料収集を精力的に取組まれました。これらをまとめ分析し、国や県への陳情活動や要求運動の資料作り、要求額の積算根拠とする作業も施設担当の仕事でした。

残念なのは、これだけの豊富な実績や業績を整理・分析し、論文として発表されなかったことですが、彼は研究者への道ではなく、その後も実践者としての道を着実に歩まれました。（野上文夫）

波乱の人生を超えて

小俣頼一さん（兵庫県社協）

私が社協に入局したのは、一九五八年（昭和三三年）九月一日でした。そのとき、二代目事務局長の関外余男氏、野上文夫氏の二人も同日付けで入局したのです。立場を超えて言うならこの三人は同期生です。

私が県社協に採用され、机があてがわれた場所は、トアロード筋にあった兵庫県社会事業会館の県社協事務室の一角でした。社会事業会館は、木造二階建てで玄関を入ると中庭をはさんで周り廊下があり、一番奥の右側が社協の事務室でした。同じ広さで左側は兵庫県共同募金会の事務室でした。当時の共同募金会は、外車のコンサルという公用車を持っていました。社協の職員と共募の職員との間には給与面で差があり、社協の職員は低かったと思います。この両会の事務所は間の廊下を取っ払って一つの事務所になりました。職員処遇も、社協側の職員給与を引き上げ、共募と同じ水準になりました。こうなったのは、関事務局長が県共募の事務局長も兼ねておられ、関さんの馬力で強引にそうされたのです。それで良かったと思います。

さて、小俣頼一さんですが、私の印象では、大変なじみやすく、親しみやすい方でした。社会福祉のあれこれの問題や社協の理論などの論議をニコニコしながら吹っかけてこられました。私は、短大で社会事業を学んだのですが、あまり勉強をしなかった学生で、赤面しながらしどろもどろに応答した記憶があります。小俣さんは、それを楽しんでおられるようなところがありました。

小俣さんは、県内の子ども会の育成や住民の協働活動指導の第一人者として活躍しておられましたが、私の直接の上司が宍戸寿一さんという、グループワークのエキスパートといわれる方の直属の部下になり、小俣さんとは少し距離ができました。

小俣さんには、個人的にもいろいろとご指導いただき、信頼をいただくようになり、ご子息の一人（双子であったご長男の）のご結婚の仲人を頼まれたことがあります。

小俣さんは、職業軍人でした。終戦時は陸軍中尉（大尉だったか、その辺の記憶はあいまいです）だったとお聞きしています。終戦に伴い中国から引き揚げられ、神戸市西区のリハビリテーションセンターがあるあたりに規模の大きな引揚者住宅がありましたが、そこにしばらく住んでいたと言っておられました。裸一貫の引き上げでお金もなく、ご飯に海苔の佃煮ばかりで生活していたので栄養失調になったなどと話されていたことがあります。そこで、奥さんと知り合われたようです。

小俣さんは、山梨県大月市のご出身で、幼少時の頃の思い出を、遠くを見るような目で話されたのを憶えています。

小俣さんは、一九七七年（昭和五二年）七月に第四代事務局長に就任され四年近くその任をこなされました。小俣さんは、自主財源づくりに注力され、バザーの開催、般若心経の掛け軸の販売など可能な限りの努力をしておられた姿が目に浮かびます。

県社協を退任後、夢前町の別荘地にお家を購入され、自然豊かな中で晩年を過ごしておられました。そして、ひっそりと旅立たれました。（塚口伍喜夫）

豪放磊落な人

片瀬良道さん（旧篠山町社協）

片瀬さんとの出会いは、私が淡路島の南淡町（現南あわじ市）社協に勤めていた時に、篠山町（現篠山市）の事務局長を務めておられ、同じ町社協の職員ということで県社協の会議の席で前後に座ったのがきっかけでした。会議後、声の大きい私をつかまえて、トアロードから歩いて気晴らしのため三ノ宮へ飲みに行くことになりました、何回かの会議の後で飲むうちに何でも話し、相談できる友人となりました。

片瀬さんは、寺の僧侶で家業と社協活動の二枚看板で活動されていました。社協ではボランティア活動の振興のため養成講座の開催や、後の多紀郡ボランティア連絡会の結成にも尽力されました。また寝たきりやひとりぐらし老人のために訪問入浴や配食などの在宅福祉サービスにも率先して取組まれました。そして県内町社協事務局長の中でも、「豪放磊落な局長さん」のお一人として皆さんに親しまれた方でした。

ある日の午後九時頃、自宅に「恵ちゃん、今から淡路へ行くから」と電話があり、私が冗談だと思って「ああ、おいで」と言うと、はるばる淡路の南端までその日の夜一二時頃、彼と同じような僧侶二人を連れてやってきました。行きつけの店に連れていくと、いつもどおり言いたい放題で、周りも驚くほどでした。翌日、店主からは「二度とあんな柄の悪い坊主を連れてくるな!!」と言われましたが、その後、彼が淡路へ来た時には行きつけの店となりました。

ある日、突然、彼の訃報を聞きましたが、急な事でお葬式には出席できませんでしたので、後日、お宅へお悔やみに行かせていただきましたが、ところが彼の普段の様子からは想像できないほど、童話のおとぎの世界に出てくるような山寺で、その風景に溶け込んだような奥様が出迎えてくださいました。彼が執務中に亡くなったという本堂に通され、奥様からいろいろなお話をお聞きし、改めて彼が熱心な宗教家であったことをつくづくと感じたものです

片瀬さんは口では言いたい放題。したい放題。でも、何か温かい安心感のある人でした。周りからは傍若無人に見えた行いも、彼にとっては、それが、人の心を和ませ収める手段であったように思われ、山寺の静けさの中で、本当に人の心まで安らげてくれる人だったのだと、しばし思い出に浸りました。社協活動には打ってつけの人柄だと思いました。

あまり褒めると、あの世で「ええかげんにせえ!!」と言われるような気がしますが、私にとって、本当に得がたい友人の一人であったと、今でも心に残っています。(佃　惠)

じっくり型の研究者タイプ

久手堅憲一さん（兵庫県社協）

久手堅憲一さんは、沖縄県糸満市出身ですが、いかにも沖縄の人らしい人でした。沖縄県がまだ本土復帰していない、昭和三〇年代（一九五五年～一九六四年）中ごろに向学心に燃え同志社大学文学部に入学を果たしておられます。その後同大学院修士課程も修了し、昭和三〇年代の終わりごろに兵庫県社協に最初の大学院卒の職員として採用されました。

兵庫県社協の事務局がまだ兵庫県民会館の四階にあったとき、階下にあった社会福祉資料室とともに調査広報部に配属され、主には兵庫県社協の機関紙の『社会の福祉』の発行を担当しておられました。機関紙は、毎月タブロイド判八頁だてを基本に、全国や県下一円の社会福祉情報を掲載して、県下社協や各種福祉機関・団体をつなぐ情報紙としての役割を担っていました。この機関紙の発行のため取材・編集・配送の一連の業務を担い、県下各地の情報収集のため、地道な取材や写真撮影に出かけ原稿執筆に腕を振るいました。

また同部は全県的な社会福祉資料のセンター的役割を果たしており、久手堅さんは資料の収集・整理・配架・提供の業務も担当して、来室者の相談や文献紹介にも当たりました。なお県社協の伝統的事業である社会福祉夏季大学の企画運営にも参画しています。

しかし研究生活の思いは捨てがたく県社協を数年間で退職して仏教大学で教鞭を取った後は、出生地の沖縄県に帰り復帰直後の沖社協（県社協）で社協活動に従事し、また琉球大学で福祉教育にも当たりました。大学を定年退職後は親族が経営する障がい施設の施設長も務めています。

久手堅さんは、社協活動のような福祉実践よりは、物事をじっくり観察し考察する研究者向きのタイプでした。性格もおおらかで人と言い争うこともなく、どちらかいうとおっとり型で、本人が希望したように大学等の教育者が適任であったようです。しかし県社協に大変に愛着をもっていて、退職後も出張帰りには県社協を訪ねては、酒が強く知り合いと一献をかたむけることが無常の喜びだったようです。ときに「社協の給料では、食っていけん＝久手堅」と冗談交じりに話していたことを思い出します。（坂下達男）

ハンディにめげない頑張り屋さん

児玉和之さん（神戸市社協）

児玉和之さんは、神戸市社協で障がい者法定雇用枠の第一号です。彼は先天性の筋ジストロフィー患者で、筋力低下と筋萎縮により両肢に歩行障がいがある重度身体障がい者です。神戸市社協に採用になったのは確か一九七九年（昭和五四年）と記憶していますが、当時彼の動作を見て卒直に言って無事勤められるかと案じたことは確かでした。歩行が遅いばかりでなく体にふらつきがあり、とくに階段の昇り降りには難渋して、壁づたいや人の肩を借りないと無理でした。しかし何日か勤務するとそれは杞憂におわり、労務的作業では難があるものの社協の業務分担と多少の助けがあれば大丈夫と確信がもてました。案ずるより産むがやすしです。

彼は養護学校（現特別支援学校）を経て吹田市内のO大学を卒業後、一時アパレル業界に勤めた後、神戸市社協に入り当初は経理部門を担当していました。その後は政令指定都市の神戸市独自の民間社会福祉の福利厚生事業の取りまとめに当たり、職員退職共済や福祉厚生など、毎年民間施設職員の動静が激しい中ほぼ一人で企画・運営・経理の実務をこなしていました。当然ながら電子機器類の操作にも習熟しており、我々中高年層は彼に教えを乞うたものです。

その後老人福祉センターを経て神戸市内の民間福祉活動の拠点であり市婦人会館も併設した市総合福祉センターの所長として会館管理と入居団体との調整に当たるとともに、専門的で長期間のセンターの全面改修工事にも携わりました。継続雇用で二〇一二年（平成二四年）三月の退職後も所長として勤めていましたが、二〇一四年（平成二六年）に、突然、自宅で心不全のため帰らぬ人となりました。

児玉さんは、重いハンディキャップにもめげない『頑張り屋さん』でした。人知れず勉強と努力を重ねるとともに、何事にも丁寧でキッチリし、その仕事ぶりは他からも信頼されていました。加えて人なつこく酒席も好きで、よく神戸駅周辺で盃を交わしたものです。社協では後輩ながら飲ミニュケーションで情報通の彼からネタを仕入れたものです。それが叶わぬ今が残念でたまりません。（坂下達男）

社協活動・地域福祉のレジェンド

澤田清方さん（兵庫県社協）

澤田さんとの出会いは、一九七四年（昭和四九年）四月に私が県社協に入局したときでした。澤田さんは社会福祉部の地域課長で直属の上司でした。当時の澤田さんは眼光鋭く射すくめられるような印象がありました。しかし、何かの拍子に笑うとお茶目な感じがあって、親しみやすさも覚えたものです。

福祉教育への熱い想い

兵庫県社協は一九六一年（昭和三六年）より社会福祉夏季大学を毎年開講するなど住民の福祉教育に大きな力を注いできました。そして、児童・生徒の福祉教育の教材として作成された福祉読本「ふくしのこころ」（一九七八・昭和五八）は七万部の発行となり、教育現場で大いに活用されました。さらに、福祉教育読本№二「地域に明日を」（一九八一・昭和五六）は、カラーの絵を豊富に使った紙芝居のような絵本で、地域福祉の現状を説くとともに、住民参加、市民参加を呼びかける画期的な教材でした。この福祉教育読本を執筆・編集したのも澤田さんでした。これらの本には澤田さんの絵心が存分に生かされています。

「在宅福祉」の開拓者・先駆者

澤田さんは常に新しい課題に果敢に挑戦する開拓者・先駆者でした。中でも「在宅福祉」を自ら実践し、その重要性を喧伝して、広く兵庫県内に入浴サービスや給食サービスなどを普及された功績は計り知れないものがあります。澤田さんは「寝たきりになってから、十数年もお風呂に入れていない高齢者や障がい者が地域で暮らしている。入浴サービスが必要だ」など、地域に存在する現実を紹介して在宅福祉サービスの必要性を説かれました。

入浴サービスについては、自ら入浴サービスボランティアグループ「ふれあいの会」を立ち上げて、ボランティアを募り、神戸市の東部地域を中心にしてデベロの入浴車を使った入浴サービスを始めました。このボランティア活動には、私を含め県社協職員も少なからず参加しました。こうした取り組みを契機として、兵庫県内に入浴サービス、給食サービスをはじめとする在宅福祉サービスが広がり、定着していったのです。

その後、澤田さんはミネルヴァ書房より『在宅福祉～社協サイドのアプローチ』という本を出版されました。さらに、『小地域福祉活動』『住民と地域福祉活動』を編著者として出版されました。澤田さんの著書は今の若い社協職員さんにも読んでほしいと思います。

澤田さんのパイオニアとしての働きは、県社協を退職され母校である日本福祉大学教授になられてからも変わることがありませんでした。阪神・淡路大震災の前年から、ＪＲ新長田駅にほど近い場所に「痴呆性（現在は、認知症）老人宅老所・駒どりの家」を地域住民と一緒になって立ち上げました。当時のデイサービスセンターは元気老人が中心で、認知症の高齢者を昼間預かってくれる所はほとんどなかったのです。この宅老所ではお昼に手作り弁当が出され、半日をゆっくりと過ごすことができて、本人にも介護家族にも大変喜ばれました。

社協活動・地域福祉のレジェンド・澤田清方さん

県内の社協職員や役員さんの多くに慕われた澤田さんでしたが、全国の社協関係者や研究者の間でも「兵庫に澤田あり」と言われていました。「澤田さんの言うとおりにしたら、成果があがった」とはよく聞いた言葉です。社協活動や地域福祉推進に携わる人々の中で熱烈な澤田ファンが多いのもうなづけます。また、大学の教員時代に澤田さんの薫陶を受け、社協に就職した若者も多くありました。まさに「社協活動・地域福祉のレジェンド」と言って過言ではありません。

このように多くの人々に慕われた澤田清方さんですが、二〇一二年（平成二四年）一二月二六日、七三歳の生涯を静かに閉じられました。（小林良守）

真面目で几帳面、仕事を任せられる人

谷口満男さん（兵庫県社協）

谷口さんと私の出会いは、一九七四年（昭和四九年）四月に私が県社協に入局したときでした。谷口さんはすでに、多くの同僚たちから親しみを込めて「谷やん」とニックネームで呼ばれており、後輩ながら私も「谷やん」と呼ばせて貰っていました。

県子ども会連合会・更生部の仕事で信頼を得る

ここからは直属の上司であった後藤一男さんからの聞き書きです。谷口さんは一九七〇年（昭和四五年）に県社協に入局され、最初の仕事は県子ども会連合会の書記として県内の子ども会活動の支援に携わったとのことです。後に県社協事務局長になられた小俣頼一氏と一緒に二年間子ども会活動の発展に尽くされました。

その後人事異動で更生部に配属されました。更生部は、世帯更生資金（現生活福祉資金）貸付制度の低所得世帯への生業資金など各種の資金貸付と償還指導が主な仕事です。この資金貸付事業は申請から決定、送金、償還まで、すべて郡社協・市町社協を経由する仕組みでしたので、償還指導その他で県内をくまなく巡回して、郡社協・市町社協の職員さんと仲良くなり、信頼を得ていました。

県社協総務部・県共同募金会で力を発揮

谷口さんは、その後県社協総務部や県共同募金会の仕事が長かったように思います。直属上司だった後藤一男さん曰く、「谷やんは、真面目で几帳面。仕事を任せられる人だった。特に数字に強かった」とのことです。谷口さんが共同募金部長をされていた一九九四年（平成六年・阪神・淡路大震災の前年）には、共同募金実績が過去最高額を記録しました。

その他、私も韓国との国際交流事業（友好の船）や県社協が主催する社会福祉バザーの寄付物品集めで一緒に県内を巡回した楽しい思い出があります。

誰からも好かれ、軽妙洒脱な人柄の谷口さん

谷口さんは、熱烈な阪神ファンでスポーツマン。お酒が好きで、居酒屋や三宮のスナックにも時々連れて行ってもらいました。カラオケでは「コモエスタ赤坂」などムード歌謡の上手いシティボーイでしたね。糖尿病のため自宅療養されていましたが、二〇〇七年（平成一九年）五月

二一日、五九歳というあまりにも若い生涯を閉じられました。（小林良守）

卓越したコミュニティ・オルガナイザー

寺本勇善さん（三木市社協）

寺本勇善さんは、一九六六年（昭和四一年）一月一四日から一九八四年（昭和五九年）三月三一日の間、三木市社協の事務局長として在職されました。

全社協は一九六二年（昭和三七年）「住民主体の原則」を謳った基本要項を発表しました。寺本さんは、その原則をどう実現するかに心血を注がれました。そのためには、まず、社協組織の改革が必要だとして町・字ごとに地区福祉委員を設置されました。この地区福祉委員が地域の「福祉に欠ける状態」を調査し活動目標を定めたのです。具体的には、児童の遊び場づくり、危険個所の点検運動、家庭福祉と隣人愛運動指定地区の配置、子ども文庫の設置活動などでした。さらには、住民の生活の改善を図るため、社協が葬具を購入し、その貸し出しを通して「お金をかけない葬式」などを普及させました。

そして、住民が主体的に活動するためには学習活動が欠かせないとして地域ごとに「住民座談会」や「福祉講座」を開設し、住民の学習活動を積極的に進められたのです。寺本さんが、こうした先進的な活動を牽引していた状態を全社協は機敏に捉え、一九六九年（昭和四四年）度の都道府県・六大都市社協福祉活動指導員研究協議会を三木市社協の活動を手本にして開催しました（昭和四四年六月一七日〜二〇日の間）。

寺本さんは、戦中は広島高射砲部隊の将校でした。一九四五年（昭和二〇年）八月六日の原爆投下の日は、爆心地から一・七キロメートルの地点で被爆し、多くの部隊員が戦死した中、奇跡的に助かり、終戦を迎えてほどなく、広島から幽鬼のようにやせ衰え、徒歩で三木市の郷里に帰ってきたと彼の母親は語っておられたということです。

帰郷後、寺本さんは住職を務める林鐘寺を拠点に住民の教育活動を興されました。すなわち、書道教室、南画教室、茶道教室、林間学校、地域子ども会、社交ダンスなど。こうした経験が、寺本さんを卓越したコミュニティ・オーガナイザーに導いた土壌になったのではないかと思われます。同郷であった故鷲尾弘志氏（県議会の重鎮）と戦後の生きる道を模索し、寺本さんは社会教育と地域福祉の道へ、鷲尾さんは政治の道へと志を定めて歩まれました。

この原稿を書くにあたっては、三木市社協ボランティアプラザ所長稲見秀行氏、故寺本勇善氏のご子息で現在、林鐘寺のご住職であられる寺本善英（よしふさ）氏からの情報提供やご教示があったことを申し添えておきます。（塚口伍喜夫）

とびぬけた親切心

室　井　常　時　さん（兵庫県社協）

「へー、県社協には労働組合があるんかいな、えらい近代的な職場やなー」。これが私と室井さんが初対面の時の会話です。室井さんが県社協に入ってきたのが、確か、一九六四年（昭和三九年）ごろだと思います。県社協に労働組合が結成されたのが一九六三年（昭和三八年）一二月のことですから、その直後の入局だったと推測します。新しく入ってきた室井さんに、さっそく労組への加入を誘ったのは私でした。トアロード沿いにあった兵庫県社会事業会館の一室でした。

室井さんの第一印象は、当時低音歌手で一世を風靡したフランク永井にそっくりでした。当時は、カラオケなどはありませんから、歌が上手だったかどうかは分かりませんが、多分上手かったのではないかと思います。

何年か経ったとき、室井さんは、加西郡の社協におられた中井美和子さんと結婚されました。美和子さんは、とても清楚な美しい方で、今もそうですが、研修会などで私とも顔を合わせることが度々ありました。このお二人の結婚の仲人は、野上文夫夫妻がされたのではないかと思います。当時、県社協が行う研修会で、集団指導者研修会がありました。県社協の主要活動の一つが、子ども会の育成でありましたので、グループワークなどを主とした内容の研修会を開いておりました。宝塚の中山寺の宿坊を借りて二泊三日の研修会を実施しておりました。美和子さんは、その研修にも参加しておられたのです。

室井さんは、その後地域福祉部副部長、施設部長、福祉人材情報センター所長などを歴任し、県社協の主要事業を担ってこられました。

室井さんは、温厚な人柄と、とびぬけた親切心の持ち主でした。トアロード会の唯一の県外会員である篠崎紀夫さん（神奈川県在住）が県社協を辞めて、神奈川県の障がい児療育センターに転職するとき、室井さんが、国道一号線を、箱根越えで、自ら運転する車で篠崎さんの引っ越し荷物を運んだことがその好例です。

今時にしては、若くして黄泉の国へ旅立ちましたが、惜しまれてなりません。ご冥福を祈るばかりです。（塚口伍喜夫）

謹厳実直の人

八　木　新　緑　さん（兵庫県社協）

八木新緑さんはもともと神戸市社協に在籍しておられました。誰がヘッドハンテングしたかは分かりませんが、多分、野上文夫さんではなかったかと推測しています。新緑さんは、関西学院大学を卒業後すぐに神戸市社協に入職されたかどうかは、私の記憶では定かでありませんが、確か、宝塚市に居住され子供会活動などに取り組まれていた、と聞いています。

兵庫県社協に入職されたのが、兵庫県社協三〇年史で見ると、一九六六年（昭和四一年）一〇月の職員録に記載されているので、一九六六年（昭和四一年）以前といえるでしょう。

新緑さんはその後、資料課長、社会福祉部副部長、更生部長、社会福祉情報センター部長などを歴任し、主として社会福祉の情報分析・加工、研究・出版事業などに力を注がれました。

また、一九八八年（昭和六三年）には、第一回全国健康福祉祭ひょうご大会（通称「ねんりんピック〝八八」）の実行委員会に県社協を代表して出向され、その事務手腕に対して、兵庫県、神戸市関係者からは高く評価されました。

新緑さんは私より一年年上でしたが、退職が迫ったところ、退職後の進路を聞いたところ、どこかの私学の事務職員としてのオファーがあることを話されました。新緑さんの豊富な知識と旺盛な研究心を見ると、大学の教員としても十分な活躍ができるのではないかと思っていましたので、小田兼三先生（この時は確か大阪市大の教授ではなかったかと思います）に相談したところ、川崎医療福祉大に紹介していただき助教授としての座を得ることができました。その時は、新緑さんに大変感謝されたのを憶えています。

私は新緑さんより二年遅れて九州保健福祉大学に行ったことから、新緑さんに、大学での授業計画（シラバス）の作成方法や実際授業の進め方などを教わりに川崎医療福祉大学の八木研究室を度々訪れました。新緑さんはその後、吉備国際大学、鈴鹿医療科学大学などで教鞭をとり、確か七〇歳頃に退職されたように思います。

新緑さんは、仕事でも研究活動でも全く手抜きをしない、謹厳なお人柄でした。退職後は岡山県倉敷市に転居されました。私は、転居間もないころ、明路咲子さんとお訪ねし、奥さんとゆったりとした生活をしておられる様子を拝見しました。

その新緑さんが、二〇一五年（平成二七年）四月一六日に他界されたと聞いて驚きました。同月一八日に倉敷でご葬儀があり、参列しましたが、その情報が多くの仲間に届かなかったことが悔やまれます。八木新緑さんを偲んで一筆したためました。（塚口伍喜夫）

努力を惜しまない人

山本孝司さん（神戸市社協）

二〇一七年（平成二九年）の八月二一日朝、神戸市社協の後輩であり親友の山本孝司さんの訃報連絡を受けました。今年に入って体調が思わしくなく入退院を繰返しているとメールのやり取りをしていましたが、そんなに悪いとは思いもよらなかったのです。ここ一か月ぐらい連絡を惜しんだことが悔やまれてなりません。

山本さんは、兵庫県立夢野台高校を卒業後、神戸市に勤めましたが、向学心に燃え二年間で辞めて新設の立命館大学産業社会学部の第一期生として入学しました。大学では大学紛争の真っただ中、過激な学生運動に抵抗するとともに、社会問題にも目覚め恩師真田是先生ゼミに属して社会学研究会の立ち上げにも参加しています。この研究会は結束が固く現在でも歴史と伝統を誇り優秀な人材を世に送っています。大学卒業後の二年間は屋外広告会社に勤め近畿エリアを走り回っていたとのことでしたが、社会問題との関わりを捨てきれず確か一九七〇年（昭和四五年）に出身地の神戸市社協に入職したのです。

神戸市社協では、二〇〇四（平成一六年）三月の定年退職までの三四年間で次代に残る業績を残しています。入職当初は児童健全育成担当として地域子ども会の育成と組織化に取組む共に、瀬戸内海を大型船で周遊する子供の船や国際児童年国際交流キャンプの企画と運営が心に残ります。また社会活動担当としてイベントボランティア活動で手腕を発揮して、ポートピア81博覧会、ユニバーシアドスポーツ大会、グリーンフェスタ等の長期で大規模なイベントで、高齢者や障がい者の優先入場や会場内の介助者の派遣を通じて誰もが安全に鑑賞できる体制を築いたのです。

また特筆されるのは、全国的に端緒になったデイサービスマニュアルの編集発行です。初代長田在宅福祉センター副所長に就任するや、当時手探りで運営していたデイサービス事業を、理論と実践・実技を体系化したマニュアルを第一線の各職種とチームを組み一年間にわたる作業でついに完成させました。これが市内のデイサービス事業の資的向上と処遇の均等化に多いに役立ちました。退職後は神戸山手大学の非常勤講師として福祉科目を担当するかたわら障がい者支援施設のボランティアコーディネーターとして七〇歳まで勤めたのです。

山本さんを一口で言うならば『努力の人』です。社会福祉士などの福祉国家資格も独学で取得しています。また未知のことを自ら挑戦して多くの実践例を残しています。晩年はダーツゲーム競技に熱中し見事優勝し喜んでいたことが思い出されますが、享年七三歳は今日では若すぎます。親友としては変化に富み充実した人生であったと思うしかありません。彼と飲みながらの白熱した議論は、もう、できなくなりました。（坂下達男）

全国に誇れる県社協の事業の礎を築いた人

湯　川　台　平　さん（兵庫県社協）

湯川台平さんが、兵庫県社協の社会福祉部長に着任されたのは一九六〇年（昭和三五年）でした。尼崎市役所で社会保障審議会担当課長から定年後に来られたと聞き及んでいます。湯川さんが市在職中の市長が坂本勝さんで、そのもとで活躍されていたようで、坂本勝さんが県知事になられた後、県社協に紹介されたようです。

湯川さんの県社協での活躍には大きなものがあります。その中でも次の三つの活動が特に注目されます。

第一は、機関紙「社会の福祉」の充実です。従来の「事業の予告や事業活動の報告」が主な内容であったものを、社会の方向性やあるべき姿を指し示すものへと充実させ、県社協の主張や活動の方向性を示す内容に力点を置いた紙面構成に変えていかれました。そして「社会の福祉」の活字紙面を通して県下の社協活動の羅針盤の役割を果たせるように努力を重ねられました。

第二は、社会福祉夏季大学を県下のみならず全国的にも高く評価される取組みへと発展させたことです。当時はとても無理だと思える超一流の講師陣を集めたこともその一例です。例えば、大内兵衛氏や大河内一男氏を講師に迎えています。このような取組みによって、県社協の社会福祉夏季大学は全国的にも高く評価されるものになっていきました。社会福祉夏季大学は年々発展し、まさに夏の風物詩だと評価されるようになり、その後も永く続けられました。その内容も、講義録にもまとめ、出版されました。

第三は、社会福祉資料室の開設です。資料室の開設は、当時の関事務局長の提案でもあったと記憶しています。全国的にも初めての開設で、場所の確保や資料内容の構想などご苦労もあったようですが、力強く推進されました。県下各地や全国から資料を集めるシステムづくりと整理に力を注ぎ、社会福祉資料室として知的財産を積み上げていくスタイルを作り出し、全国における県社協の地位を大いに高められました。

湯川さんは、文化人的な風貌で言葉を大切にして約一〇年間県社協に勤められ、先駆的な活動を取り組まれ兵庫県社協の活動の礎を築かれました。（野上文夫）

出版事業への寄付に対するお礼

塚口　伍喜夫　トアロード会会長

『地域福祉への挑戦者たち』の発行に際して、その資金調達に苦慮していたところ、この発行の趣旨に深く感動され、是非にと百万円のご寄付をくださった中西雅子氏（トアロード会副会長）に深甚なる感謝の意を表します。

中西氏は匿名を強く希望されましたが、塚口の一存で発表しましたことをお許しいただき、すべての会員を代表してお礼を申し上げる次第であります。

二〇一八年四月二〇日

編集後記

各都道府県をエリアとした社協ＯＢ・ＯＧの組織としては全国初であろう「兵庫県内社協・共募事務局職員退職者会」（通称：トアロード会）は、二〇一五年九月に三八名の賛同者を得て発足しました。現在、会員は五〇名を超える規模になりました。

社協在職中は、日常業務や研修・会議等で顔を合わせる機会があっても、退職を契機にその機会が減ったり途絶えてしまうと、自身のネットワークが狭まっていくように思えます。その隙間を埋め、自身がかつて取り組んだ仕事や活動に誇りを持ち、退職後も生き生きとした生活を過ごしていく上では、退職後も「緩やかな繋がり」を持ち続けることが、その後の生活のＱＯＬにもおおいに作用するように思えます。

この度、会員自身が在職中の取組みを回想し記述することで、自らの経験や想いを後輩や関係者に伝えていこう、との思いで出版事業に取り組みました。執筆にあたっては、活動の背景にあった思いや取組みの過程での葛藤にも触れることなど、ワーカーとしての思いに踏み込んでいただきたい旨をお願いし、多くの会員のご協力をいただきました。

社協が誕生し六〇年余りが経過しますが、草創期を含め多くの実践が戦略的で計画的、かつ先見性をもって取り組まれていたことがうかがえます。また、ワーカーの様々な葛藤の中にゆるぎない使命感があったことに気づかされます。住民主体の原則を堅持し、県内各地で在宅福祉の取組みが展開されました。さらに、介護保険制度や障がい者支援制度などの新たな社会保障制度への対応にも大きな力が注がれました。

阪神・淡路大震災以降、災害ボランティアセンターの取組みなど、社協の役割や機能が注目されるようになったものもありますが、平成の市町合併や、介護保険・障がい者支援制度の定期的な改正など、制度や事業、取組みの見直しをその都度迫られる「変化の時代」に入りました。国や地方の財政再建、少子高齢化と格差社会の進行といった社会の根幹に影響する課題への対応が定まらない状況は、今後も続くものと思われます。

それだけに、社協で働き組織運営や地域の第一線で実践してきた多くの先人たちの取組みや活動の教訓から学び交流する機会も必要になっているように思います。

社協の関係者には、社協の実践は一時的なものでなく引き継がれていくもので、実践に学びさらに充実・発展させようとする内発的な力のように、組織のミッションとして、受け継がれていることを感じ取っていただけたら幸いです。

この出版物が、現在、社協等で働いている人たちやこれから働こうとする方たち、地域福祉に関わる関係者の実践の礎のひとつとなればと思います。

組織の発展に尽くされた多くの先人達の遺志を汲み、この度の出版が契機となって、他の都道府県でもこのような組織が芽生え、地域福祉の実践や経験知が「あらたな地域福祉物語」として紡がれていくことを期待します。

最後に、本書に推薦の言葉をお寄せいただいた元全国社協事務局長で現関東学院大学社会学部客員教授の齊藤貞夫氏に厚くお礼を申し上げます。

二〇一八年四月二〇日

編集者　中西　雅子
佐山　満夫
三木　文代
衣川　哲夫

執筆者紹介（五十音順）

網嶋　秀樹（あみしま　ひでき）
出　身　地　兵庫県姫路市
在籍した社協　高砂市社会福祉協議会（福祉活動専門員・地域福祉課長・事務局次長）
現　　　職　株式会社　セイフティサービス　部長

岩崎　文子（いわさき　ふみこ）
出　身　地　兵庫県赤穂市
在籍した社協　赤穂市社会福祉協議会（福祉活動専門員）
（社会福祉士・精神保健福祉士・主任介護支援専門員）
ふれあいの家わたしんち管理者（嘱託）
現　　　職　介護保険事業に係るフリーランス

上内　浩嗣（うえうち　こうじ）
出　身　地　兵庫県加古川市
在籍した社協　加古川市社会福祉協議会（事務局長）

現　　　職　同社会福祉協議会　参事

衣川　哲夫（きぬがわ　てつお）
出　身　地　兵庫県朝来市
在籍した社協　兵庫県社会福祉協議会（一九七八年～一九九〇年三月、二〇〇五年四月～二〇一五年）
その他の経歴　社会福祉法人　きらくえん（一九九〇年四月～二〇〇五年三月）
現　　　職　神戸山手大学　現代社会学部　総合社会学科　非常勤講師

後藤　至功（ごとう　ゆきのり）
出　身　地　兵庫県宝塚市
在籍した社協　兵庫県社会福祉協議会（福祉事業部）
現　　　職　佛教大学　福祉教育開発センター講師・特定非営利法人「さくらネット」理事

小林　茂（こばやし　しげる）
出　身　地　兵庫県神戸市
在籍した社協　兵庫県社会福祉協議会（地域福祉部長、事務局次長、社会福祉研修所副所長等歴任）
現　　　職　兵庫大学　生涯福祉学部　社会福祉学科　准教授

小林　良守（こばやし　よしもり）

出　身　地　兵庫県豊岡市

在籍した社協　三田市社会福祉協議会（福祉活動専門員）
兵庫県社会福祉協議会（施設部長・福祉部長・事務局長）
鳥取県社会福祉協議会（地域福祉部長）

その他の経歴　千里金蘭大学　現代社会学部　准教授

現　　　　職　無職

坂下　達男（さかした　たつお）

出　身　地　富山県小矢部市

在籍した社協　神戸市社会福祉協議会（地域福祉課長・在宅福祉センター所長等歴任）

その他の経歴　神戸女子大学　健康福祉学部（社会福祉学）　教授

社会的活動　二つの社会福祉法人とNPO法人の理事

現　　　　職　無職

佐山　満夫（さやま　みつお）

出　身　地　兵庫県洲本市

在籍した社協　旧五色町社会福祉協議会（福祉活動専門員・事務局長）

現　　職　無職

篠崎　紀夫（しのざき　としを）

出　身　地　埼玉県さいたま市浦和区

在籍した社協　兵庫県社会福祉協議会

その他の経歴　財団法人　神奈川県児童医療福祉財団　小児療育相談センター
知的障がい児通園施設　青い鳥愛児園　園長
社会福祉法人　青い鳥　横浜市南部地域療育センター　副所長
横浜市社会福祉協議会　障がい者支援センター　コーディネーター

現　　職　無職

正中　典子（しょうなか　のりこ）

出　身　地　兵庫県加西市

在籍した社協　加西市社会福祉協議会（居宅介護支援センター所長・総合介護センター所長・事務局次長を歴任）

その他の経歴　加西市立善防園園長（出向）

現　　職　小規模多機能施設「なの花たかむろ」

龍本　節子　（たつもと　せつこ）

出　身　地　兵庫県尼崎市

在籍した社協　神戸市社会福祉協議会（事業課主幹・ボランティア情報センター所長・総合児童センター運営長・在宅福祉センター副所長および所長等歴任）

現　　　職　無職

塚口　伍喜夫　（つかぐち　いきお）

出　身　地　兵庫県丹波市

在籍した社協　兵庫県社会福祉協議会（社会福祉部長・事務局長等を歴任）

その他の経歴　兵庫県共同募金会副会長・九州保健福祉大学および流通科学大学教授を歴任

現　　　職　社会福祉法人理事長

手島　洋　（てしま　ひろし）

出　身　地　京都府京都市

在籍した社協　兵庫県社会福祉協議会（平成元年～二十年）

現　　　職　県立広島大学　保健福祉学部　人間福祉学科　専任講師

中西　雅子（なかにし　まさこ）
出　身　地　兵庫県篠山市
在籍した社協　芦屋市社会福祉協議会（福祉活動専門員・事務局次長）
社会的活動　京都市伏見区社協理事、伏見区ボランティア連絡会代表
伏見区心の健康推進実行委員会委員、伏見区地域福祉推進委員会委員、八幡市地域福祉推進委員会委員、京都市社協生活支援員、トアロード会副会長
現　　　職　会社役員

野上　文夫（のがみ　ふみお）
出　身　地　島根県益田市
在籍した社協　兵庫県社会福祉協議会（社会福祉部長・社会福祉情報センター所長等）
その他の経歴　川崎医療福祉大学教授、神戸市立看護大学副学長、平安女子大学教授、近畿医療福祉大学教授
職　　　業　無職

松浦　歌子（まつうら　うたこ）
出　身　地　兵庫県南あわじ市
在籍した社協　旧五色町社会福祉協議会（福祉活動専門員・事務局長）
社会的活動　洲本市社協理事・同市共同募金会運営委員・同市社協善意銀行推進委員・五色町ボランティア

連絡会会長

現職　無職

三木　文代（みき　ふみよ）

出身地　香川県仲多度郡多度津町

在籍した社協　明石市社会福祉協議会（地域福祉係長）

その他の経歴　香川労災病院ケースワーカー

現職　無職

明路　咲子（めいじ　さきこ）

出身地　兵庫県神戸市

在籍した社協　兵庫県社会福祉協議会（社会福祉情報センター・地域福祉部・社会福祉研修所・人材センター・権利擁護センター等を歴任）

その他の経歴　流通科学大学　教授

現在　無職

山本　正幸（やまもと　まさゆき）

出身地　兵庫県宍粟市一宮町

在籍した社協　旧一宮町および宍粟市社会福祉協議会（福祉活動専門員・事務局長）
現　　職　特定非営利活動法人しさわ「ワークプラザすぎの木」施設長
佛教大学　社会福祉学部　社会福祉学科　非常勤講師
宍粟市一宮町本谷自治会自治会長・同市東河内生産森林組合理事

吉谷　紀之（よしたに　のりゆき）
出　身　地　兵庫県豊岡市竹野町
在籍した社協　旧竹野町社会福祉協議会（事務局長）
現　　職　無職

■監修

塚口　伍喜夫　（つかぐち　いきお）
坂下　達男　（さかした　たつお）
小林　良守　（こばやし　よしもり）

■編集

中西　雅子　（なかにし　まさこ）
佐山　満夫　（さやま　みつお）
三木　文代　（みき　ふみよ）
衣川　哲夫　（きぬがわ　てつお）

地域福祉への挑戦者たち

2018年5月20日　初版第1刷発行

■監　　修――塚口伍喜夫・坂下達男・小林良守
■発 行 者――佐藤　守
■発 行 所――株式会社 大学教育出版
〒700-0953　岡山市南区西市855-4
電話（086）244-1268　FAX（086）246-0294
■印刷製本――モリモト印刷㈱

ISBN978－4－86429－521－5